欲しがらない生き方

——高等遊民のす

岬龍一郎

角川oneテーマ21

生活のレベルが少し下がっても、
心の豊かさがもう一段だけ向上すれば
失うものは何もない。
余分な富を持つと、余分な物しか購入しない。
魂が必要としているものを購入するのに、
金銭などは必要ないのである。

ヘンリー・D・ソロー『森の生活』（佐渡谷重信訳）

まえがき

漱石は高等遊民の生みの親

私の好きな作家の一人に夏目《なつめ》漱石《そうせき》がいる。『坊っちゃん』は中学生のころ読み、その単純明快な正義感に拍手を送り、『三四郎』は大学時代に同じ悩みでせつなくなったものだった。『吾輩は猫である』などはユーモア小説としてもおもしろいが、社会人となってからも再読すると、そのたびに新しい発見があって蘊蓄《うんちく》の深さに感服している。中年を過ぎる頃からは苦沙弥《くしゃみ》先生の心境が手に取るようにわかる。

もちろん『門』『それから』『行人』『こころ』なども読んだが、これら後期の作品を読んでいていつも不思議に思うことがあった。有名な『こころ』の「先生」は仕事もしないで、いつも自宅でぶらぶらしているのだ。同じように『それから』の主人公の長井《ながい》代助《だいすけ》にも職業というものがない。どうやって食べているのか。それが不思議だったし、また羨《うらや》ましくもあった。

じつはこの当時（明治晩年から大正初期）、高等教育を受けながら、時代の風潮を受けきれず、仕事にもつかないでぶらぶらして暮らしている人たちがいたのである。多くは資産家の子息たちであったが、これらの人々を「高等遊民」という。

事実、漱石の『彼岸過迄』（一九一二年・大正一年刊）の中にも、

> 敬太郎は初対面の客を客と感じていないらしいこの松本の様子に、成程高等遊民の本色があるらしくも思った。（傍点筆者）

と述べてある。要するに、金持ちの息子で大学を出ながら、親の資産で生活している連中のことだ。

「じゃ、現代のニートや引きこもりと一緒じゃないか」

という人がいるかも知れないが、それとはまったく違う。ニートや引きこもりは親と同居し、仕事に就かず、社会生活を送れない単なる〝甘ったれ〟をいうが、高等遊民は教養人であり、帝国主義的体制になじめないインテリである。本文でヘンリー・ソローの生き方を書いてあるが、どちらかというとそれに近い。教養人であるがために西洋かぶれの新時代についていけなかったのである。

恵まれた才能と生活に困らない境遇にいながら、時代に背を向けて歩く人というのは、いつの世にもいるものだ。世間ではこういう人を「生き方の下手な人」という。だが、『こころ』の先生でもわかるように、ある意味で彼らは純粋な人といえるのだろう。

現代の高等遊民

とはいえ、私はなにも本書で夏目漱石が描いた明治大正期の「高等遊民」をいまさらすすめようというのではない。

教養を磨いて、世俗的な欲望（出世・名声・財産）や多忙さから解放されて、独自のオリジナル生活をエンジョイする〝現代の高等遊民〟をめざそうという提言である。一言でいえば、お金持ちより心持ち、物持ちよりも心持ちの生き方である。その信条は〝欲しがらない〟ということだ。

私はいわゆる団塊の世代の波頭に属するものである。いま、われわれの世代は定年退職して社会の第一線を退き、やっと会社から解放されて自由な身となった。自由な身となったのだから、もっと好きなことをやって活《い》き活きと残りの人生を過ごしたらどうかと思うものの、彼らの多くは会社という大樹を離れた途端、尾羽打ち枯らした鳥のように意気消沈し、元気がない。

だが人生八十年の世の中。残り二十余年の長い歳月をどう生きるか。誰もが迷っている。人生行路の距離が二倍ちかくに増えたというのなら、当然、その走り方を変えるのが知恵者というべきだろうが、われわれは相も変わらず高度成長時代の価値観で、ただ得体の知れない虚無感を抱きながら生きている。

そこでわが身を振り返って提唱するのが、この「高等遊民のすすめ」なのである。要するに、わずらわしい世俗を半分捨てるという「半隠遁《いんとん》」の思想を持ち、金よりも面白みのある仕事をつづけながら、誰にも気兼ねしない暮らしをしてみよう、というものだ。

かつてのサラリーマン時代、私が常々思っていたことは、目覚まし時計で起きなくてもいい生活、満員電車に乗らなくてもいい生活、スケジュール帳を持ち歩かなくてもいい生活、寝たいときに寝て起きたいときに起きる生活、人に命令も強制もしない、あるいはされない生活、そしてなによりも演技をしなくてもいい生活だった。これをやろうというのである。

そんなことができるのか。できるのである。ただし世俗の見栄や体裁を捨て、地位とか名誉とか財産とか、世間の多くの人が求めている欲求を捨てたらの話であるが……。

したがって、管理化された現代社会にあっては、精神的にかなり高度な生活ということになるので、ある程度の信条が必要となる。それは、しかつめらしい儒教思想より、あるがままに生きろと教えてくれた老荘《ろうそう》や、自由気ままに生きた良寛《りょうかん》さんの考え方がいささか必要となる。おそらくあなたはこれを読めば本当の人生の楽しさがわかるであろう。

高等遊民になるための二十ヶ条

具体的なことは本文で述べるが、とりあえずイメージしてもらうために、高等遊民になるための二十ヶ条を掲げておく。

一、高等遊民はお金持ちより時間持ち、物持ちよりも心持ちをめざす。
一、高等遊民は世俗の欲望を半分捨てる。
一、高等遊民はいつも〝ほどほど〟をめざす。
一、高等遊民はお金がなくてもいつも楽しい。
一、高等遊民は行列してまでモノを望まない。
一、高等遊民はブランド品は持っていないが電子辞書を持っている。
一、高等遊民はスケジュール帳など持たない。
一、高等遊民は義理と人情に弱い。
一、高等遊民はどのような人とも対等に付き合う。
一、高等遊民は人から与えられるより与えることを望む。

一、高等遊民はいつも笑顔でグチや不満をいわない。
一、高等遊民は人にたかって飲食などしない。
一、高等遊民はボロは着てても心は錦。
一、高等遊民は正義を愛しウソは洒落でしかつかない。
一、高等遊民は形式よりも中身を大事にする。
一、高等遊民は儒教思想より老荘思想に親しむ。
一、高等遊民は信条として新渡戸稲造のクリスチャン「武士道」を愛する。
一、高等遊民は司馬遼太郎と山田風太郎を併読する。
一、高等遊民はなによりも知的好奇心を愛する。
一、高等遊民は誰からも束縛されない自由人である。

以上

目次

ちとの「勉強会」を開く／知的好奇心は楽しみの培養土／雑学が作る豊かな時間／感動する心は一生の宝／人生はこれからだ／四十五歳が第二の人生の分岐点／なぜ老後を恐れるのか／邯鄲の夢「青年よ、人生とはこんなものさ」／精神の快楽は無限大／私の半隠遁生活／読書と散歩と思索の日々／「隠れ家」での優雅な生活／新たな趣味、有名人の墓巡り／本当に豊かな欲しがらない人生

第一章　高等遊民は「お金持ち」より「時間持ち」をめざす

死は、前よりしも来らず、かねて後に迫れり

「人生は砂時計のようなものだ」という名台詞《ぜりふ》を聞いたのは、たしか、ヴィスコンティ監督の『ベニスに死す』だったと思うが、最初にその映画を観たのは三十歳のころ。「なるほど」と頭では納得したものの、当時の私の砂時計は十分に残っていたので、死の実感などほど遠く、人生は永遠につづくものと思っていた。

ところが、いつの間にやら五十路《いそじ》の坂を越えたころからは、「もう俺も五十を過ぎたのか」と、歳月の速さに憂え、過ぎ去りし日々に思いを馳《は》せて、時々ふと、物思いにふけることが急に多くなってきた。

いや、それどころか、死など遠いものと思っていた私であるが、それまでの不摂生な生活態度がたたったのか、ちょうど五十五歳のとき、末期ガン一歩手前の身になったのだった。幸い寸前のところで助かってはいるが、いつ再発するかも知れぬ〝爆弾〟を抱えるハメに陥ってしまったのである。

私はかろうじて助けられたものの、親友の一人だった男は、バリバリの商社マンだったが、ある日突然、仕事先で急に気持ち悪くなり、そのまま救急車で運ばれ、病院に行く途中で亡くなるというあっけない最期だった。急性心不全ということだったが、わずか五十一歳で亡

くなってしまっているのだ。

身のまわりでこうした事態が起こると、いつまでも若いと思っていた私も、いやおうなく人生の持ち時間の少なくなったことを、意識せざるをえなくなったのである。

だが思えば、ほんのひと昔前までは「人生五十年」といわれたように、五十を過ぎれば、人は誰しも人生の終焉《しゅうえん》を迎えても不思議ではない年齢だった。あの大文豪の夏目漱石は四十九歳、俳聖といわれた松尾芭蕉《まつおばしょう》は五十歳で死んでいるし、わが愛する坂口安吾《さかぐちあんご》や寺山修司《てらやましゅうじ》は四十八歳で鬼籍に入っている。宮沢賢治《みやざわけんじ》や石川啄木《いしかわたくぼく》にいたってはわずか三十七歳、二十六歳という若さでの夭折《ようせつ》である。じつにみんな考えられないほどの若さで死んでいる。

だからこそというべきか、芭蕉は旅の途中の難波で逝去したとき、「旅に病んで夢は枯野をかけ廻《めぐ》る」と無念を詠い、胃潰瘍《かいよう》のために大吐血をして死んだ漱石は「死ぬと困る、死ぬと困る」といいながら逝ったという。いずれも自分が死ぬとは思っていなかったのである。

人間の死というのは兼好《けんこう》法師がいうように「前よりしも来らず、かねて後に迫れり」（百五十五段）ということなのだろう。

こうした事実を知れば、五十路という年齢は、すでにそのとば口に立っているのだと思った方がいいのかも知れない。実際のところ、中年と呼ばれる四十歳を過ぎると、俗に「歯、目、マラ」といわれるように、その順序でガタがきはじめ、体力の衰えは如何《いかん》ともしがたく、いつの間にか老眼鏡の世話になっている自分に気づく。ましてや五十路の半ばも過ぎると、年の瀬の喪中葉書の数は急に多くなってきており、喪服を着る機会も年ごとに増えてきた。中には私より若い人の死に出くわすことも少なくない。

いまの心境をたとえていえば、それは中天で輝いていた太陽の光がいつの間にか黄昏《たそがれ》どきの日射しに変わり、今日の一日を省みるような、そんな物わびしい感じなのである。

いまや私の砂時計は、同じ時間の流れでありながらも、長足のスピードで落ちているばかりか、振り返れば、来し方の人生などアッという間で、歳月の速さはかくばかりかと、いやおうなく人生の短さを知るのである。

だからこそシェークスピアは人生の短さについて、「束の間の灯火《ともしび》」と語り、鴨長明《かものちょうめい》は「朝に死に、夕べに生まるるならひ、ただ水の泡にぞ似たりける」と嘆き、俳人一茶《いっさ》は「露の世は露の世ながらさりながら」と吟じたのであろう。

平均寿命は延びたけど

こんなことをいうと、

「なにをいっているんだ、いまや人生八十年の時代に入り、みんな長生きしているじゃないか」

と、おっしゃる人もいるだろう。

たしかに、現状においては、この五十年の人生が、ここ二、三十年の間にぐんぐん延びて、平均寿命でいえば、いまや「人生八十年」といわれる時代になっている。ひと昔前ならば、とっくの昔に老人の部類だった六十歳の人でさえ、今日ではいまだに現役であり、七十歳を越えてもかくしゃくとした人も少なくない。

平均寿命が延びれば、誰もが死はそれだけ遠のいたものとして喜ばしいように思っているが、はたしてそれを素直に喜んでいいのかどうか、私にはいささか疑問である。

もし平均寿命が八十年に延びたというのなら、われわれはもう少しその寿命の長さを喜んでもいいはずであるが、多くの人はそうは思っていない。いやむしろ長すぎる老後の不安が先にたって憂えている人のほうが多いのではなかろうか。

これは急速な老齢化社会における福祉・医療行政の遅れが、老後の生活に夢をあたえてくれないからとの理由もあろうが、それ以前に、たとえ長生きしたところで、その状態が認知症になったり、身体の自由もきかない寝たきり老人になることのほうを恐れているからだろう。

「生きている」ということはそれなりに心身ともに健全で、そこに生きる喜びや楽しみがなければ、自分にとっては何の価値もないからである。

それに加えて、平均寿命というのはあくまでも統計上のことであり、統計である以上はそこに数字のレトリックが秘められているのも、また当然である。有り体にいえば、その実態は医学の進歩で新生児の死亡率が極端に低くなったのと、すでに生きる屍《しかばね》となった者にも、スパゲッティ症候群といわれるようなあらゆる延命治療をほどこし、死なないようにしていることが、平均寿命のアップに貢献している、ともいえるのである。

となれば、いかに平均寿命が延びようと、先の親友のように、個人の死にはまったく関係なく、したがってその実態も昔とさほどの変わりがあるわけでもないのである。ましてや心身ともに健康で「人生を楽しむ時期」というのは、いつの時代でもほとんど同じと見たほうがよいのではなかろうか。

明日ありと思う心のあだ桜

もちろん精神年齢や肉体年齢は個人差があるので、いちがいにいうことはできない。実際に長生きした人も多い。伝えられるように、ゲーテは七十三歳の時、十七歳の少女レヴッツォと愛を語り、かの良寛は七十歳の時、彼を慕う四十歳年下の美貌《びぼう》の尼僧貞心《ていしん》と交情を結んでいる。あるいはまた伊能忠敬《いのうただたか》は五十五歳から七十一歳まで、十七年間にわたり日本国中を歩いて「大日本沿海輿地《よち》全図」を完成させている。

だが、こうした元気な老人たちの〝偉業〟をならべたてて、自分もそうであるがごとくに語る人がいるが、これはあくまで特異な例であり、それを自分に当てはめるのは愚かというべきであろう。特例はあくまで特例であり一般論にはなりえないからだ。一般論でいえば、八十歳は八十歳の体力であり、五十歳よりは死はもっとちかくにある、というのが真実である。

となれば「死」は、あくまでも個人的なものなのであり、いくら平均寿命を並べられたところで、自分がそこまで生きられるという保証はなく、神のみぞ知る運命の領域ということになる。にもかかわらず人は、いやなことは避けようとする習性があるせいか、この平均寿命を我がことのように願望し、誰しもその歳まで生きられるものと錯覚しているにすぎないのである。

だからこそ親鸞《しんらん》は、「明日ありと思う心のあだ桜／夜半に嵐の吹かぬものかは」と、人の世の無常を警告したのであろうが、しかし、この警告のなんとむなしいことか。病気になって初めて健康のありがたさを知るように、われわれは普段、生命のありがたさなどを知るのはまれで、ましてや「死」については深く考えることもない。

現に、つい最近までの私がそうであった。友人が突然死で亡くなり、私自身が実際にガンを患う前までは、死は観念として知ってはいたが、こんなにも近くにあるとは思ってもいなかったのである。

そしていま、それが身近な現実の問題としてわかってくると、残された時間の少なさを思うと同時に、心身ともに健康で人生を謳歌《おうか》できる時間がいかに短く、それに反して、これまでの人生をなんとうかうかと、なんと怠惰に過ごしてきたのかと、いまさらながら反省するのである。

〝人生八十年〟の生き方に変える

だが、これはなにも私だけのことではあるまい。強固な意志を持って自分の人生の目標に向かって邁進《まいしん》している人や、宗教的倫理観の強い人なら別だが、多くの人は「生」と「死」など真剣に考えることなく、ただ漠然と生きてきたというのが正直なところではないのか。

だからこそ、われわれはいつまでも生きられると思い、健康も考えずに暴飲暴食に走り、オンナやギャンブルにうつつをぬかし、金儲《もう》けだの立身出世などに心を悩ませ、「政治が悪い」「会社が悪い」と不平不満のグチをならべて、まるで他人ごとのように、その日その日を漫然と過ごしているのである。

いや、それどころか、そもそも「人生とはなんぞや」「どう生きればいいのか」などといったことは、〝青臭い議論〟としてバカにし、国や企業が用意してくれたライフステージに便乗していれば、人生など改めて考える必要もなかったというのが、〝平和ボケ〟したわれわれの姿だったというべきであろう。

だが、いまや時代は、明日は今日よりも豊かだと思えた高度成長時代から、先行き不安な二十一世紀を迎えている。いつまでこの豊かで平和な時代がつづくか誰もわからなくなっており、おそらく多くの人は、未来は現在よりも住みにくい時代になるだろうと思っている。

にもかかわらず、われわれは相変わらず高度成長期と同じ価値観で、より速く、より大きく、より便利にと、ただただ経済的効率だけを追い求めているように、私には思えるのである。

時代が変わり、平均寿命が五十年から八十年に延びたというのならば、賢明なるランナーが中距離から長距離に走り方を変えるように、人生も当然、それに見合った生き方というものがあるはずであるが、われわれは相も変わらず、人生五十年時代とさして変わらぬ走り方をしているのではないか。いやむしろ、ひと昔前とくらべると人生のスピードはいっそう速くなり、まるで短距離競走のように、「忙しい、忙しい」と、せわしない日々を過ごしているのである。

その昔、交通標語に「狭いニッポン、そんなに急いでどこへ行く」というのがあったが、ホントにそんなに急いでどこへ行こうとしているのか。生き急ぎということは早く死を迎えるということなのだが、なぜだか知らぬがただただ忙しいのである。寿命が延びたというのなら、あるいは時代が変わろうとしているのなら、それに見合った価値観を創り上げ、もっとゆったりとした人生を楽しんでいいはずであるが、現実は楽しむどころかその逆なのである。

『徒然草』が教える人生の真髄

だが、それはなにもいまに始まったことではなさそうだ。たとえば、かの兼好法師も同じことを嘆き、『徒然草《つれづれぐさ》』の中でこんな警告をしているのである。

蟻の如くに集まりて、東西に急ぎ、南北に走る人、高きあり、賤しきあり。老いたるあり、若きあり。行く所あり、帰る家あり。夕に寝《い》ねて、朝に起く。いとなむ所何事ぞや。生を貪り、利を求めて、止む時なし。

身を養ひて、何事をか待つ。期《ご》する処、たゞ、老と死とにあり。その来る事速かにして、念々の間に止まらず。これを待つ間、何の楽しびかあらん。惑へる者は、これを恐れず。名利に溺れて、先途の近き事を顧みねばなり。（七十四段）

兼好はいう。蟻のように集まり、老いも若きも、身分の高い人も低い人も、東西南北にせわしなく走りまわり、夜になると家へ帰り、朝になれば起きだしてまた動き出す。何のためにそんなにせわしない生活を送っているのか。それはただ長寿を願い、利益を求めてやむときがないからである。だが、そのような人生に何の楽しみがあるというのか。忙しさにかまけている人は、老いや死が迫っているのも気がつかない。そんな人は出世だの金儲けなどに夢中で、人の世の短きことを考えようとしないからである、と。

七百年も前に生きた兼好法師の時代がそれほど多忙だったというのなら、現代のわれわれの生活は、その十倍、いや百倍も多忙だといってよいだろう。だとすれば、たとえ寿命が延びたとしても、その実質の人生は十倍、百倍も短くなったということであり、ならばそれ以上に、生きるとはどういうことかを真剣に考える必要がある、ということになりはしまいか。

いうまでもないことだが、『徒然草』は当節流行のハウツー的処世術を説いたものではない。あたえられた現実にどう対処するかというより、理想的な暮らしぶりとはどのようなものか、その信条を吐露した人生の指南書といえるものである。

この段でいうならその本意は、人生とはゆったりと落ち着いた生活の中で、日々の日常にあるよしなしごとを感じ取り、それを味わい、愉《たの》しむゆとりがなければ生きた甲斐《かい》がないではないか、と教えているのである。簡潔にいうなら、生きるということは「死」を自覚することによって、「生」を見つめ、人生そのものの日常を愉しむ心を持つことを説いたものといえる。

真の生きかたは死を自覚して生きる

「生」と「死」——。つまり「生きること」と「死ぬこと」の死生観は、本来、人間にとってもっとも重要な問題であり、古今東西、哲学の根本課題であった。だが、平和で豊かな社会の中で育ったわれわれは、いつの間にか楽観的な未来志向ばかりに踊らされ、人生の根源的な問題を〝根クラ〟と称して考えなくなったために、そのことすら気づかず、考えようともしなかったのだ。それゆえに「死」に対する尊厳も、「どのように生きるか」といった価値観すら見いだせずに、「忙しい、忙しい」と、ただ漫然と生き、漫然と死んでいくのである。

日本には詩はあっても哲学は生まれなかったと学者たちはいうが、私にはそうは思えない。古来、わが日本の仏教思想は死を前提とした「無常観」をくどいほど説いているし、もちろん『徒然草』の中にも、「人、死を憎まば、生を愛すべし。……人皆生を楽しまざるは、死を恐れざる故なり。死を恐れざるにはあらず、死の近き事を忘るゝなり」(九十三段)という一節もある。かつての日本人は常に死を意識しつつ、いかに生きるべきであるかを不断に探求してきたのである。

その典型が江戸三百年の教養主義がもたらした「武士道」の精神である。彼らは常に死を意識しつつ、いかに美しく生きるべきかを問うてきたのだった。その結晶というべきものが、あの『葉隠《はがくれ》』の冒頭にある「武士道といふは、死ぬ事とみつけたり」の一文である。これはなにも死ぬことを軽んじたものではなく、死を前提としない生は、すべてただの遊戯にすぎない、といっているのだ。

いい方を変えるなら「真の生き方とは、死を自覚して生きる」という意味であり、ただ長生きをすればいいというものではない。いかに生きたか、それが問題なのである。

このことは黒澤明《くろさわあきら》監督の『生きる』という映画を思い出してもらえば具体的に理解できるだろう。市役所の万年課長が自分がガンであることを知って、はじめて本当の生き方に目覚めた、というあの話である。

大病を患った人の、その後の生き方が普通の人と違うのもそのためであり、哲学の根本命題がこの「生と死」を最重要課題として、「死を忘れるな！　Ｍｅｍｅｎｔｏ　Ｍｏｒｉ」という不朽の名言を残したのもそのためである。名言といわれるゆえんは、死を自覚しない生き方などすべて戯れの人生であり、「いずれ死ぬのだ」とはっきりと自覚したところにこそ、はじめて本当の生の輝きがあることを想起させてくれるからである。

戦後世代のわれわれが、自分を含めて、どうもダラダラとした生き方しかできなかったのは、軽佻浮薄《けいちょうふはく》な明るさばかりに踊らされて、こうした〝生き方の哲学〟を排除してきたからではなかろうか。

セネカの『人生の短さについて』

では、本当の生き方とはどのようなものをいうのかということになるが、十人十色というように人の生き方は様々であるし、はっきりいって人の生き方に、これが最良であるといった基準などありはしない。

あえていうなら、それを考え続けるのが人生であり、その基本的な考え方は「今日一日を最後の一日と思って暮らせ」あるいは「いまこのときを大事にして生きろ」という平凡な言葉に帰結するだろう。

ローマの政治家で思想家でもあったセネカも、それを教えてくれた一人だった。セネカは暴君として有名な、あの皇帝ネロの家庭教師であり、ネロが帝位につくと同時にその執政官となったが、やがては変貌《へんぼう》したネロにうとまれ、自殺という形で七十歳の命を閉じるといった数奇な運命をたどった人物である。禁欲的ストア哲学の継承者としても知られ、数多くの著作を残しているが、その彼が晩年に書いた本に『人生の短さについて』という名著がある。

なかなか箴言《しんげん》に富んだ本なので、時々それをひもとくのだが、彼はその中でわれわれ凡人がとかく「人生は短い」などと嘆くことに対して、「いや、人生が短いのではない、われわれ自身がそれを短くしているのだ」と前置きして、次のように述べるのである。

人生は使い方を知れば長い。だが世の中には飽くことを知らない貪欲に捕われている者もいれば、無駄な苦労をしながら厄介な骨折り仕事に捕われている者もある。酒びたりになっている者もあれば、怠けぼけしている者もある。他人の意見に絶えず左右される野心に引きずられて、疲れ果てている者もあれば、商売でしゃにむに儲けたい一心から、国という国、海という海の至るところを利欲の夢に駆り立てられている者もある。……また有難いとも思われずに高位の者におもねって、自ら屈従に甘んじながら身をすり減らしている者もある。多くの者たちは他人の運命のために努力するか、あるいは自分の運命を嘆くかに関心をもっている。（セネカ『人生の短さについて』岩波文庫・茂手木元蔵訳）

まったくその通りである。われわれは人生の貴重な時間をあくことのない欲望のために追いまくられ、あるいはひたすら快楽に溺《おぼ》れ、あるいは自分のためではなく人の運命に翻弄《ほんろう》されているから、人生が短く思えるのだと。セネカにいわせれば、それらの期間は「人生ではなく単なる時間つぶし」であり、これではいつになっても「心の平安」などありえない、と耳の痛いことをいうのである。

五十歳、六十歳では「時、すでに遅し！」

こうした箴言がつづく中で、私がもっともドッキリしたのは次の文章だった。それは私をふくめた多くの人が、五十歳になったら少しはヒマを作って好きなことをやろうとか、六十歳で定年になったらいっさいの仕事をやめて悠々自適な生活に入ろうとか、心ひそかに思いめぐらせているが、それに対してセネカはこう問うのだ。

では、おたずねしたいが、君は長生きするという保証でも得ているのか。君の計画どおりに事が運ぶのを一体誰が許してくれるのか。（中略）生きることを止める土壇場になって、生きることを始めるのでは、時すでに遅し、ではないか。有益な計画を五十歳・六十歳までも延ばしておいて、僅かな者しか行けなかった年齢から始めて人生に取りかかろうとするのは、何と人間の可死性を忘れた愚劣なことではないか。（前掲書）

私はこれを読んだとき愕然《がくぜん》とした。二千年前のセネカの時代の平均寿命が何歳だか知るよしもないが、五十歳、六十歳の残り少ない人生になってから、本当の生きることを始めるようでは、「時すでに遅し！」と。

先の平均寿命ではないが、われわれはその年ぐらいまでは生きられると思っているから、このような台詞を吐くのであって、じつのところ、そんな保証などあるわけでもなく、単なる願望にすぎないのである。

突然死んでしまった友人にしても、その口癖は「定年退職したら田舎に引っ込んで、わずらわしい人間関係のない農業をするんだ」というものであったが、セネカが述べるように、それは人間が死ぬということを忘れていた戯《ざ》れ言《ごと》にすぎなかった、ということになる。

幸いにして私の場合は後に触れるように、この至言を知ったことで、五十歳になる少し前に人生の軌道修正をはかったが、もし友がセネカのこの箴言を自覚していたら、もう少し別な生き方を選択していたと思うのだが、時すでに遅しであった。なぜなら彼は、ただ仕事のみに追いまくられ、ゆっくりする時間も許されず、自分のために生きたことなどほとんどない人生を終えたからである。

多忙から解放されよ

ではセネカは、どうすれば人生は長く、充足したものになるというのだろうか。

一言でいうなら、「多忙からの解放」である。もちろんこの多忙は生活のためにあくせく働く時間的なことだけではなく、金銭や出世願望などにからまる心配ごとや不安といった「心の多忙」、すなわち自分自身を「思いわずらわせる悩み」といったものを含めてのことだ。こうした悩みがあれば、いかに田舎に住もうと、仕事をやめようと、心の多忙から解放される日はないであろう、と。

それゆえにセネカは「心の多忙な人」に対してこんな辛辣《しんらつ》な言葉を吐くのである。

これらの者が費す時間の全部を調べあげてみるがよい。どんなに長い間彼らは銭の勘定をし、あるいは陰謀をめぐらし、恐怖を抱き、人の機嫌をとり、人から機嫌をとられ、あるいはどんなに長い時間を自分や他人の保証でふさぎ、あるいは今では義務とさえなっている酒宴でふさいでいるか。……彼らのすることは、善きにつけ悪しきにつけ、息をつく暇さえも許さないほどであることが分かるであろう。（前掲書）

私利私欲のために金の奴隷となり、立身出世のために人を踏みにじり、権力のある者には媚《こ》びへつらい、そして人を憎み、人を裏切り、われを忘れている姿。こうした心の多忙が人生を短くしていると、セネカはいうのだ。

それは多忙の「忙」という字が「心を亡ぼす」と書くように、人の心から、人間としてもっとも大切な優しさや思いやりの心を奪い取り、善悪を忘れさせ、ものごとを公平に見る眼すら曇らせてしまうからである。

効率を求めると多忙になる

それればかりか多忙は、自分自身の目標すら見失わせ、結局はなにひとつ十分に成し遂げることすらない。「実際多忙な人にかぎって、生きること、すなわち良く生きることが最も稀である」と、セネカは断言する。

利欲にからまる多忙がいかに心を亡ぼすか、こんな話がある。

ある人が川に溺れて、道行く人に助けを求めた。すると、求められた人が「助けてやりたいが、私はいま仕事で忙しく、そんなことをしていたら約束に遅れてしまう。遅れた分を弁償してくれたなら、助けてもよい」といった。二人の間で、金額の交渉がはじまった。なかなか折り合いがつかない。そうこうしているうちに、溺れた人は川に流されて死んでしまった、というのだ。

これは急速に資本主義化する某国で実際に起きた話である。効率（要するに金儲け主義）を第一とする現代資本主義のもとでは、なにもこの国にかぎったことではなく、どこの国でも多忙にならざるを得ない。したがって、利益や効率を追い求める心の多忙は「人を助ける」という人間としての情（心）よりも、いかに利益を得るかが優先されるために、こんな事態を招いたのである。

しかしながら、誰がこの話を笑えるだろう。溺れた人が死んでしまったのは極端にしても、仕事のためと称し、〝心の多忙〟を高じさせ、これに類する行為はわが日本でもはびこっているではないか。悪徳商法、政官財の金権不祥事、産業廃棄物の不法投棄などは明らかに犯罪であるが、彼らは罪の意識より、その組織の歪《ゆが》んだ効率主義とわが身の打算を優先した結果ではなかったのか。

多忙は心を滅ぼすもと

いや、なにも新聞沙汰《ざた》になるような事例を引き合いに出すまでもなく、単なる時間的な多忙にしても、われわれは常に何かに追いまくられ、それによって無意識のうちにどんなに他人の心を、同時に自分の心を踏みにじっていることか。そうした茶飯事は日常の中にもたくさん見受けられる。

人に親切にできないのも、イライラして怒るのも、いじめをするのも、乱暴な口をきいて相手の心を傷つけるのも、その一因はこの多忙からきているといってよい。つまり多忙であることのいちばんの罪悪は、心に余裕やゆとりが持てなくなって、人間としての〝良心〟を失ってしまうところにある。

私にもそうした覚えがある。サラリーマン時代のことだが、仕事の要領の悪い部下を見ると、「早くしろ」とむやみに声を荒らげて怒ったり、懐かしい友人がわざわざ会社に訪ねてきても、「いま忙しいから」と迷惑顔で応対したり、ある時などは母親からの電話にまでも「何か用？」と聞いて、「用がなければ息子に電話してもいけないのか」といわれ、ハッと人情味のない自分に気づいたことがあったりしたものだ。

あるいはこんな話も聞く。ある人が定年退職して、二階の部屋から外を眺め、「ここからは富士山がよく見えるなぁ」と感嘆したら、奥さんから「なにいってるの、晴れた日なら富士山はいつでも見えてますよ」といわれたという話。出勤の途中、駅の階段から落ちて怪我をした老婆を、先を急ぐあまり心ならずも見て見ぬ振りをした話。旧友から心情のこもった手紙をもらい、その返事を書こう書こうと思いながらも、結局は年賀状ですませてしまった話。世話になった人に早く挨拶《あいさつ》に行かなければと思いながら、いつの間にか日が経ちすぎて行きそびれた話などなど……。いずれも多忙な時間に追われ、義理を欠き、人情を忘れ、心の余裕がないことによって人間というより〝産業ロボット〟になってしまったわれわれの姿がそこにある。

それればかりか、多忙が高じればさらに悪いことに、イライラがつのって精神的にもストレス、ノイローゼ、躁鬱《そううつ》病といったわけのわからない現代病をまねき、最悪の場合には過労死、自殺といった例も珍しくなくなっている。極論するなら、今日のわれわれを取り巻く多忙はまさに諸悪の根源といってもさしつかえないほどである。だからこそセネカはいうのだ。いい人生を送ろうと思ったら「多忙から解放されろ」と。

とはいえ、もちろん多忙は、なんらかの要因があって起こる現象であり、問題の本質は、その人を取りまく環境や、その人の「人間性（人格）」にもとづくものであることはいうまでもない。いかに多忙であっても、心ある人なら、そうした迷いにわずらわされることなく、人間としての心情を失うことなどないからである。したがって一方において、いかに心を鍛えるかが重要な問題になるが、もとより心ができていないわれわれは、往々にして、その本質さえも多忙によって見失ってしまっている、というのが実際のところなのである。だいいち、心を鍛えるにしても時間的余裕や精神的ゆとりがなければ鍛えられないのだから。

奴隷が最も悲惨なのは、奴隷たる生活に甘んじたとき

しかしながら、このスピード社会で人が生きていくためには、どうしても多忙にならざるをえない、というのもまた現実である。

財産があって悠々自適に自分の思い通りの人生を過ごせる人なら別だが、多くの人は仕事をしなければ生活がなりたたず、仕事を始めれば、時間配分を自分の意志でおこなえる自由業者や個人営業者ならいざ知らず、宮仕えの身とあれば、なおさらいっそう多忙にならざるをえないからである。

なぜなら、いったん組織に従属すれば、そこでは当然〝組織の論理〟が優先し、目標に向かって一定の効率が要求され、みずからの自由なる意志や時間を持てるのはかぎられてくるからだ。現に私の生活を振り返ってみても、すべては仕事優先の生活で、家に帰ってもただ寝るだけの日常だったのである。

現代企業が求める「効率」というのは、一般道路から高速道路へ乗り込んだと同じようなもので、そこでは最低速度を守れなければ違反となるように、〝落ちこぼれ〟のレッテルを貼られてしまう。そして人は、効率を上げれば上げるほど自己を没した〝産業ロボット〟となっていく。高速道路の運転中には周囲の景色や路傍に咲く花すら見るゆとりがないように、ただ課せられたノルマを果たすために、一目散に目的地に向かって走らざるを得ないのである。

むろん内なる精神は自由だと思ってみても、一日最低八時間の労働が義務づけられ、そればかりかサービス残業や、持ち帰りの仕事があったりと、いつしかその精神までも会社のことで費やされてしまう。労働基準法で定められた有給休暇などあってなきに等しく、上司の命令とあれば、やれ接待だ、やれ休日出勤だと、ゆっくりと休む暇もない。

ましてや人並みに結婚し、家庭を持てば、その上に「夫」と「父親」の役割も加わって、なおいっそう多忙となり、自分のための自由なる時間などはますますなくなって、重荷だけが増えていく。だが、それを選んだのは自分自身であるために文句もいえず、慣れてしまえばそれが人生とあきらめ、みずからの自由なる意志など放棄した生涯を送っていくのである。

西洋の諺《ことわざ》に「奴隷が最も悲惨なのは、奴隷たる生活に甘んじたとき」というのがあるそうだが、多忙に追われる日々ではそれすら気がつかない、というのが現実なのである。

大病は〝神の計らい〟

じつをいうと、かくいう私自身が〝仕事の奴隷〟そのものであったのだ。だが私は思いもかけない出来事によって自分の人生を変えるきっかけをもらったのである。

その出来事とは、四十歳当時、私は創設されたばかりの情報会社から請われて、社長業という激務をこなしていたのだが、プレッシャーと多忙さゆえに胃潰瘍になり、半月間の入院治療を余儀なくされたことがあった。

いまから思うと、大病と挫折《ざせつ》は〝神の計らい〟と昔からいわれているように、この病気が私に新しい生き方を考えさせるチャンスをくれたといってよい。神の計らいという意味は、自分に適応した人生を歩まなかったために、神様が挫折や大病をあたえることによって、その生き方の過ちに気づかせるからだという。スイスの哲学者カール・ヒルティがこんなことをいっている。

今日のあまりにも多忙な多くの人たちにとっては、きわめて必要な閑暇、完全なる休養、過去や未来を落ち着いて見渡すこと、人生の真の宝についての正しい認識、かずかずのよき思想、自分の持っている一切のものに対する感謝などは、ただ病気のときにのみ与えられる。つねに健康であれば、ちゃんとした立派な人々からでさえ、ともすると忘れがちである。病気のおかげで、人生最大の喜びである病気の快癒と、生命の新しい充実の満足感とを味わうことができる。

（ヒルティ『幸福論（第三部）』草間平作訳）

いわば私も、この病気によってはじめて自分の意志に反する〝空白の時間〟をあたえられたことによって、わが人生の来し方行く末を考え、多忙に追いまくられた日々を反省したのだった。

そして結論から先にいうなら、退院後、ある決心をし、わが人生行路の軌道修正を試みたのである。その軌道修正がどのようなものかはいま少し後に触れるが、簡単にいえばそれこそが「高等遊民の生き方」であり、具体的にいうなら〝お金持ちよりも時間持ち、物持ちよりも心持ち〟という生き方だったのである。

「忙しい」というのは自慢にはならない

私は所在ないベッドの上で、「俺の人生は何だったのか」との思いを巡らせた。そして気落ちしていく心を満たすために、これまで多忙を口実に読もうとしながら読まなかった古典の類の本をむさぼるように読んだ。セネカの箴言に触れたのもその時であり、日本人の伝統的精神を築いた隠遁《いんとん》文学や武士道の精神に触発されたのもその時であった。

そうした中にあって、私は『徒然草』の次の一文に出会うことによって、多忙であることの愚かさを知らされ、生き方を変えるきっかけをもらったのである。

兼好はこういっていたのだ。

つれ〴〵わぶる人は、いかなる心ならん。まぎるゝ方なく、たゞひとりあるのみこそよけれ。世に従へば、心、外《ほか》の塵に奪はれて惑ひ易く、人に交れば、言葉、よその聞きに随ひて、さながら、心にあらず。人に戯れ、物に争ひ、一度《ひとたび》は恨み、一度は喜ぶ。その事、定まれる事なし。分別みだりに起りて、得失止む時なし。惑ひの上に酔へり。酔の中に夢をなす。走りて急がはしく、ほれて忘れたる事、人皆かくの如し。

未だ、まことの道を知らずとも、縁を離れて身を閑《しず》かにし、事にあづからずして心を安くせんこそ、しばらく楽しぶとも言ひつべけれ。「生活・人事・伎能・学問等の諸縁を止めよ」とこそ、摩訶止観にも侍れ。

（吉田兼好『徒然草』七十五段）

要するに、毎日毎日をただただ忙しく動きまわっている人は、どのような心づもりがあるのか私にはわからない。私にいわせれば、人はよけいなことに惑わされずに、自分ひとりで心静かに過ごしているのがいちばんよい。世間に合わせて暮らそうとすれば、心は金儲けとか出世とか色事とか、そんな外の刺激に奪われて、惑いやすいし、人との交際を重んずれば、いろんな情報にふりまわされて、まるで自分ではなくなっている。仲良くつきあったかと思えば、すぐに喧嘩《けんか》し、恨んだり喜んだりと、心の平安など望むべくもない。ああすればよかったこうすればよかった、損をしたとか得をしたとか、心の休まる暇もない。まるで惑いの上に酔い、酔いの中で夢を見ているようなものだ。仕事仕事と忙しく走りまわり、せわしなくしている人を見ると、自分を失っている点では、みんな同じようなものだ。

いまだ本当の生き方はなんであるか知らなくても、仕事、人間関係、世間体などの俗縁を離れて、身を閑静なところに置き、世俗にかかわらず、心の平安を得れば、一時的にせよ、心が満たされるものである。「生活、人間関係、習い事、学問など、迷いのもととなるものをやめよ」と『摩訶止観』という本でもいっているではないか、と。

これを読んだとき、私はまるで自分のことをいわれているような気がした。それまでの私は多忙であることを〝仕事師〟の代名詞としてうぬぼれ、人から「最近、調子はどう?」と聞かれるたびに、「いや、忙しすぎてね」と自慢げにいったものだった。いわばスケジュール帳をびっしり埋めた〝つれづれわぶる人〟だったのである。

それでもすべてに満足しえた状態であったならば、こうした文章など歯牙《しが》にもかけなかったであろうが、当時の私は、人の期待を裏切らないためにもと無理の上に無理を重ね、そのわりには仕事もうまくいかず、ずっと心は惑いに塞《ふさ》がれていたのだった。

もちろんそうした生活では、心のゆとりなどあろうはずもなく、遊びにも、自己啓発のための読書にも熱中できず、日々の感動すら忘れていた。見上げればそこにある青空にも、道端に咲く一輪の花にも眼は届かなかったのである。いつの間にか私は、仕事と称して忙しさに追いまくられ、心(人情)を捨て、義理を踏みにじり、ただただ利潤を追求するだけの日常を惰性として生きていたのだった。

〝仕事人間〟だけの人生では終わりたくない

ベッドの上で私は、わが人生で何を求めようとしていたのか、と自問自答した。金持ちになりたかったのか、立身出世がしたかったのか、功なり名を遂げたかったのか。もちろん心の片隅にそうした欲望がなかったとはいわない。

だが、それより驚いたことは、私には「○○になろう」とかいった確固たる欲望や目標などなかった、ということである。それというのも、当時は日本全体が右肩上がりの豊かさの中にあったおかげで、私自身も経済的には〝いい生活〟をさせてもらっていたために、一度たりとも真剣に人生や生き方など考えたこともなく、人生論の本に見られるような「高い目標」や「強い志」など抱くこともなかったのである。ただ漠然と世間の流れにしたがって、とりあえず人並みの「いい生活」をしたい、といった程度の考えしか持っていなかったのだ。

当時の私が目指していた「いい生活」の基準は、世間が求める見栄や体裁としての、出世、名声、財産であり、そのための仕事であって、けっして心の充足を重んじた「いい人生」など考えていたわけではなかったのである。そして、そうした生き方の先に行き着いたところが病気であり、いつも消化不良のような満たされない心だったのである。

その病気はストレスから来る潰瘍と伝えられていたが、あとから聞いた話では初期ガンであった。当時は告知義務もなく、医者と家族が相談して私には知らせなかったのである。だが、それまで入院など一度もしたことのなかった私も、うすうすガンではないかと気づきはじめ、もし再起できなかったら、俺の人生は何だったのかと思ったものだった。

このまま、ただ仕事だけの人生で終わったらつまらないじゃないか。人生八十年というのなら、セネカがいったようにそこまで生きられる保証はないにしても、まだ残りの人生は半分もある。先は長い。それなのに、いまの仕事が本当に好きならまだしも、見栄や体裁に惑わされ、満たされない心をもてあまし、ただ安定したカネを得るための〝会社人間〟として働くのはもうたくさんではないか。これからでも遅くない、何かを変えなければと、経済的に恵まれた「いい生活」から、心の充足を第一に考える「いい人生」への方向転換を目指したのである……。

だが、そうは思うものの簡単に新しい生き方など発見できるはずもなかった。事情が許せば仕事をやめて、映画の「寅さん」のように人情味あふれる町を逍遥《しょうよう》したり、隠棲《いんせい》の詩人といわれた陶淵明《とうえんめい》のように、「帰りなんイザ」とすっぱりと職を辞して田舎に帰りたいとの衝動もあったが、私にはそうした田園すらなく、ましてや会社や家庭のある身としては社員や家族を養わなければならず、現実の生活から逃れることなど夢のまた夢であったのだ。

「まずは人間を創れ、魂を磨け、さすれば幸福は向こうからやってくる」

目の前の現実社会から離れて、しばらくのあいだ人生を理想化し、理想の天地を追うという美点は、年をとるにつれて次第になくなっていくように思われる。このように理想が減って考えが実際的になってくると、すぐそれを着実と呼んで賞賛する者もいるが、私にいわせると、それは俗化して若くなくなったというだけの話である。

これは新渡戸《にとべ》稲造《いなぞう》の『自分のための生きがい』（三笠書房・竹内均解説）という本に書かれてあったものだが、人は誰しもいったん安定した世界に身を置くと、精神もそれにならって俗化し、理想を忘れてだんだん怠惰になっていくようだ。青春時代に描いた夢や理想とはかけはなれた生活をしながらも、自分を磨こうという意志すら忘れ、そのぬるま湯の心地よさにいつしか慣れて、満足に本も読まず、堕落した生活を送るようになっていくのである。

私もそういう立場に安住し、「もう若くないのだから」と年齢《とし》のせいにして、おぼろげなる虚《むな》しさの中で、それが人生となかばあきらめていたのだった。自由も主体性もない飼い慣らされた〝籠《かご》の鳥の人生〟など、すべてがマンネリ化して面白味のあるものではなかったが、日常の雑事に追われ、それすら気づかなかったというのが実状だったといえる。

とはいえ、私はなにも大それた理想を追っていたわけではない。あえていえば、「カネはほどほどでいいから、いま少しのんびりと、人に振りまわされない自由な生活」といった程度のものだった。だが、これすら現実社会の中で実行するとなるとなかなか難しいものだったのである。

そこでとりあえず決心したのは、ストレスから潰瘍（実際は初期ガン）になったように、ともかく仕事の量を減らし、セネカのいう「多忙」からわが身を解放させようということだった。とはいっても、昨日までの生活スタイルを即座に変えられるほど現実は甘くなく、焦らず急がず、新たなる生き方を見つけだすための猶予の時間を作り、じっくりと自分を見つめ直し、同時に心を鍛えようと思ったのである。

なぜなら、多忙に心悩まされストレスを招いたということは、とりもなおさず自分の意志が弱いからであり、強い意志を持つための「心の鍛錬」ということを、これまでしてこなかったことに気づいたからだ。

このことは〝東洋の哲人〟といわれた中村天風《なかむらてんぷう》翁の教えから得たものであった。天風翁の教えの要諦《ようてい》は、

「まずは人間を創れ、魂を磨け、さすれば幸福は向こうからやってくる」

というものである。われわれはえてして頭さえよくなれば幸せになれると思って知識だけ

詰め込んでいるが、全人格を決定している「魂」、すなわち「心」を鍛えずしていかなる幸福も得られない、といっていたのだ。

この説にしたがえば、私は人間としての中味の充実よりも、世俗的な知識だけ身につけて外見だけを整え、それで一人前の顔をしていたのである。読書ひとつにしても、それまで読んでいたものはビジネスに必要な情報本や処世術的なハウツー書、あるいは娯楽としての小説類であり、人生や人間の本質を問う思想書的な古典類はもっぱら〝積ん読〟だけだった。これでは心が満たされないのも無理はなかったのである。できうるならば、もう一度大学へでも行き直して哲学の勉強をしたいとの思いもあったが、社長業の身としてはそれもままならなかった。

時間持ちになるために「隠れ家」を持つ

そこで退院後、私が最初にやったことは、前述した「つれづれわぶる人」の一文にあった、「俗縁を離れて、身を閑静なところに置き、世俗にかかわらず、心の安定を得れば、一時的にせよ、心が満たされるものである」からヒントを得て、誰からも邪魔されない自分だけの居場所を得るために、会社と自宅の中間に「隠れ家」を借りたことだった。そしてそこを「私の大学」として、残りの人生を考えるための準備の場としたのである。

むろん意志の強い人なら「隠れ家」など持たなくても、自宅でも十分に心の修養はできるであろうが、もともと私はそうした意志が弱く、環境を変えることでそれを補おうとしたのだ。いわば都会の中で〝山籠《ご》もり〟するつもりで……。

自宅の他に別個の部屋を借りるなど贅沢《ぜいたく》だと思う人もいようが、それはお金を重要視する人の発想であり、私はお金よりも時間を求めたのだからけして贅沢とは思わなかった。何を贅沢と思うかは価値観の問題なのである。だいいち、当時の私は会社や自宅ではおのれ一人の時間をもつなど不可能にちかかったので、お金よりも時間の確保を優先させたのである。

さて、私が週に二日ほど「私の大学」に籠もって強制的に取り組んだことは、まずはいま一度人生を見つめ直すために本を読むことだった。

『自助論』の著者サミュエル・スマイルズが「古典の中には人生の指針が秘められている」といっているように、書架でほこりをかぶっていた哲学書や宗教書の類《たぐ》いを引っぱり出してきて、世渡りがうまくなる「処世術」よりも、人生の生き方を深めるための「人間学」とでもいうべきものを、遅ればせながら勉強し直したのだ。

もちろん、古典や哲学書を読めば人間として立派になれるとか、ただちに人格が磨かれるといったものではない。はっきりいって、読書と人格形成はまったく関係ないといってもよい。なぜなら世間には、それを専門とする大学教授やエリートと呼ばれる人ですら人格のない卑劣な人はいるし、逆にいっさいの学問的教養がなくても、おのずと頭の下がる慈悲深い人や、わが身を削りながらも何の不満もいわず人知れず社会に貢献している人もいるからである。

しかしながら、「学ぶ」ということは「真似る」を語源としているように、未熟な私が人間としての原理原則を知ろうとすれば、温故知新の方法で偉人伝や思想書を精読し、その精神を少しでも模倣し、自分の糧とするのがいちばんの近道だったのである。いわば私は古典から人間の生き方の原理原則を学んだのである。このことについての具体的な学びは次章で述べる。

たしかに人によっては、心の修養も仕事の中で鍛えられるという人もいようが、それは師となるべき人が存在する場合か、職人的な仕事あるいは創造性のある仕事の場合は可能であろうが、一般のサラリーマンが学べるのは処世術であって、本質的な原理原則といったものはやはり独学でしか得られない、と私は思っている。

幸せの度合いを人とくらべないこと

では、「私の大学」での独学で何を学んだのか。

恥をさらして一つだけ挙げるならば、それは幸福観に対する大原則だった。というのも当時の私は（というより戦後社会が造りだした企業尖兵《せんぺい》としての私はと言い換えたほうがよいが）、世の流れにしたがってただ漠然と「人並みのいい生活」というものを幸福だと思って追い求めていたのだが、その考え方がいかに誤っていたかを知らされたのだ。なぜなら幸福の本質とは、まったくそういうものとは関係なく、平たくいうなら「いつも心が安らかで穏やかな笑いのある生活」ということだったのである。

人はどんなに地位や名誉や金があっても、いかに物質的に恵まれていたとしても、心配ごとや不平不満があれば心は安らかではない。ましてや笑いのある生活などできはしない。だから、こうした不平不満、あるいは悩みごとのある生活はけして幸福とはいえないのである。逆に、どんなに貧しくとも心が平安で満たされていれば、そこにはおのずから笑いも生じ、それこそ幸福な人生なのである。

そして、私がもっとも勘違いしていたのは「人並み」とか「いい生活」とか、その基準を他人とくらべて考えていたことであった。わかりやすいように卑近な例を引こう。

たとえば、金持ちになりたい、社長になりたいと望んでいる人がいた。その人は努力して、五十人程度の従業員を抱える会社の社長となった。やっと人に自慢できるような地位を得たそんなある日、路上でバッタリ、大学時代の同級生と会った。その人は自慢げに、

「いま、こんな会社を経営していてね」

と名刺を差し出した。

「そう、エラいじゃないか。じつは僕もこんな会社で働いているんだよ」

と相手も名刺をくれた。そこには大手有名会社の社長の肩書きが刷られてあった。その夜、その人は悶々《もんもん》として眠れなかった。

その人とはつまり私のことなのであるが、なぜ眠れなかったのか。いうまでもない私は彼に嫉妬《しっと》したのである。それは私が幸福の価値観を「金持ちになりたい」「地位や名誉が欲しい」といった外見的な欲望に置き、その基準を相手より上に立ちたいという相対的な優劣意識で見ていたからである。

仏が説く「唯我独尊」とは

もちろん財産とか地位とかいったものが、それなりの幸福をあたえてくれるのも事実であり、私もそれを否定するものではない。だがそこに他者との相対的な比較があるかぎり、それ以上のものが登場したときは逆に不幸のタネとなってしまうのである。

しかもこの相対的な意識が高じると始末の悪いことに優劣意識へと転化し、その思考は差別を生む元凶となって、強い者には媚びへつらい、弱い者には威張り散らすといった卑劣な人間になる。いやそればかりか優劣意識はつねに他者との競争意識を生じさせることとなるので、人と争い、憎しみ合い、テレビのワイドショーを見て「他人の不幸は蜜《みつ》の味」と喜んでいるような卑しい人間になってしまうのである。
肝心なのは、「私は私、人は人なり」とたがいを認め合う共存自尊の精神である。別の言葉でいうなら釈迦《しゃか》の唱えた「唯我独尊」の心だといってもよい。唯我独尊などというと、一般的には「自分がもっとも尊い」との傲慢《ごうまん》の意味に誤解している人がいるが、仏様がそんな教えを説くわけがない。その真意は「草木国土悉皆《しっかい》成仏」と同じ意味で、どんなものにも菩薩《ぼさつ》心があり、生きとし生けるものすべてが等しく尊いということである。あなたも尊い、私も尊い、生きとし生けるものは植物も動物も山も川も海もすべてが尊いという教えである。仏教語では他と比較しないことを「無分別」といい、すなわち唯我独尊であることを絶対的幸福観としているが、その真髄は「私はこれで十分」という「知足心」（足ることを知る心）である。僧源信《げんしん》という人がいみじくも『往生要集』の中で、その例を見事にこう言い放っている。

足ることを知れば、貧といへども富と名づくべし。財ありとも欲多ければ、これこそ貧と名づくべし。

いかに財産や地位があろうと、まだ足らないと思っている人は心貧しき人であり、これで十分だと思っている人は、それは貧しいとはいわずに富者というのだ、と。

だからこうした絶対的幸福観を持っていない人は、いかに金持ちになろうと、どんなに立身出世しようと、いつまでたっても幸福にはなれないのである。

ちょっとした本を読めばこの程度のことは書いてあるのだが、私は戦後の社会や教育の中で常に他者と比較した相対的な幸福感しか教えられてこなかったために、その幸福は努力という名の競争に勝ちえた者しか得られないと思わされていたのだ。この発想がいかに過っていたかは後の章で触れるが、未熟だった私はこの発想を払拭《ふっしょく》するのに数年の歳月を要することになる。

「知足」とは欲望の限度を知ること

したがって、もしわれわれが幸福感を得たいとするなら、この「知足心」を会得すべきなのだが、この精神は口でいうほどたやすいものではない。なぜならこの精神を得るには、人間の欲望をおのれの自制心（あるいは自律心）で押しとどめなければならないからである。

仏教関係の本を読むと、欲望は人を悩ます根源的な煩悩とされて、「捨欲」（いっさいの欲を捨てること）といったことが書かれてあるが、はたしてそんなことができるのだろうか。

私にはそうは思えない。欲望は人間の生きるエネルギーといわれるように、欲望があるからこそ歴史も文明も進化したのだし、人の生き甲斐もそこにあるからだ。たとえもし仏教者の中で「捨欲」をした人がいたとしても、それは捨欲したいとの欲望があったからこそできたことであり、これとて一種の欲といえるのではないか。

問題はその限度。不幸になるほどの欲望を持たないために、モノをねだらないという「足ることを知る精神」を養う、ということである。これをあやまると人間は慳貪《けんどん》という、欲深な慎みのない卑しい人となり、野獣のような弱肉強食の世をつくるだけになってしまうのである。

まわりを見渡してみるがよい。今日、いかに慳貪なる人が多いことか。つまり「知足」を忘れた人が多いことか。これは戦後の日本が国家をあげて、儲かれば何でも良しとする経済至上主義を築き上げた結果ともいえる。和歌山で起きた保険金詐欺事件などはまさにその典型だが、金権政治、汚職構造、バブル経済、環境破壊にいたるまで、すべてはわれわれの慳貪からきたものといえる。

しかも、モノやカネや権力や名声といったものは、それらが即物的なものである以上、その裏側には常に奪い合いの競争原理があり、その欲望には際限がない。中古車を買った人は次には新車が欲しくなるものだし、百万円貯めた人は一千万円、部長に昇進したら今度は役員と、どんどんエスカレートしていく。そうした慳貪なる欲望のためにわれわれはどれほど醜い争いを演じ、傷つけ合い、心を悩ませたことか。そしてそれを維持するとなると、維持するためにいっそう心をわずらわせ、不正や卑劣な手段をもってでも守ろうとするため、精神の堕落はさらにひどくなっていくのである。

しかも、物欲に凝り固まった人は、それがモノであるかぎり数量あるいはランク付けでしか見ることができず、たとえ芸術品であっても、「これはいくらするのか」「有名な作家のものか」と、その価値を値段や名前で決めてしまう。加えてこうした外見的な評価ですべての善し悪しを判断することに慣れてしまうと、人は目には見えない大自然のありがたさや、人間としての愛情、そこから生まれる優しさ、慈しみといったものはわからなくなってしまう。なぜなら大自然への感謝や人間の優しさや慈しみといったものは、心の体験に属するもので、計量することなど不可能な領域にあるからだ。

現代社会がなにかうるおいのない住みにくい世の中になっているのは、こうした慳貪な人が増えたことですべてが即物的となり、人情とか正義とかいった徳がなくなり、私利私欲だけの、あるいは「勝てば官軍」式の不正な競争や無慈悲な行為が平然とまかり通っているからである。

心の多忙が生む人間不信

かくいう私もその一員であったわけだが、僭越《せんえつ》ないい方をすれば、だからこそ私はそうした堕落した心を鍛え直すために、その修養の時間を必要とし、「私の大学」を持ったといえる。多忙の日常に追われていたら、けして心など磨ける時間はなかったのであるから。

さて、そこで「金持ちより時間持ち」を選んだ私は、新たなる生き方としてどのような価値観を模索していたのか。

あえていえば、せめて世俗の垢《あか》を清め、なるべく利欲から遠ざかり、自分に忠実に生きる、という生き方であった。わかりやすくいうなら世俗的な欲望、つまりカネを儲けたいとか、出世をしたいとか、名声を残したいとか、そういったこととは無縁に、残された時間を大切にし、無理をせず、体を大切にし、自分に素直に生きるということである。

そのためには、まずは所有に対する欲望を最小限度に抑え、そのことによって精神を自由にし、本当の幸せとは何か、生きる上において何が必要で、何が必要ではないのか、そういった大原則に立ち戻ることであった。

なぜなら、こうした「心の多忙」に悩まされていると、相も変わらず本当の幸福観とは別の次元で、競争意識をむきだしに心を悩ませ、人間関係のわずらわしさに追いかけられ、あるいはまた他人と比較する優劣意識を抱いて、人を恨み、わが身を咎《とが》め、ときには自慢し、ときには不平不満をならべて、みずからの心をますます卑しくしていくからである。そこから生まれるのは人間不信の心しかない。

五十路を越えたら世俗欲求を半分捨てる

では、どうすればよいのか。考えあぐねた末に得た私なりの結論は、セネカが「生きることをやめる土壇場になって、生きることを始めるのでは、時すでに遅し」というのなら、人間、五十路を越えたら、もはや世俗的な見栄や虚勢を張った人生から〝半分〟降りて、もっと自分に素直に、もっと気楽に生きてもいいんじゃないか、ということだった。

言葉を換えていえば、何事にも「頑張ります」とか「一生懸命やります」といって、必死に努力することが評価される現代社会にあって、なにごとにもほどほどの「中庸の精神」をわきまえ、「ナンバー・ワン」になろうとする競争意識よりも、他人と比較しない「オンリー・ワン」の独自の世界を持つという生き方である。

もちろん立派な仕事を成し遂げようとか、日々の生活に生き甲斐のある人は、それをそのまま続行されることを望むが、私のように漠然と世の中の流れにしたがい、いつの間にかその流れに遅れまいと無理して働き、ストレスにかかって病気になってしまうのであれば、それは本末転倒の人生である。であるなら、そこから一歩脱却し、自分なりのライフスタイルを見つけて自分流に生きよう、と思ったのである。

相変わらず高度成長時代の「なんでも一番」的な生き方をめざしている人から見れば、こうした生き方はある種の〝怠惰〟、あるいは〝浮き世離れ〟と映るであろうが、じつはこの発想こそ、いま問われている地球に優しい生き方、つまりこれからの二十一世紀を生き抜くための新しい価値観をつくりだせるのではないかと思っている。

もちろん、本当に社会や現実に嫌気がさせば、兼好や陶淵明のように世俗を脱して本格的な「隠遁」という方法もよいだろう。だが、普通の人が、そうした人生を選ぶにはよほどの覚悟がなければならないし、そう簡単に世俗を脱して生きられるものでもない。人はどこで隠棲しようと、霞《かすみ》を食って生きられるはずもなく、生きる以上は最低限の収入が必要であり、それにともなう苦労はついてまわるのである。

したがって、もし現実世界から逃れられないとするなら、後ろ向きの憂鬱《ゆううつ》な気分を抱いて自分を押し殺して生きるよりは、いま少し積極的に考えて、「現実」と「理想」の中間の生き方を、この「高等遊民」の生活に求めたのである。金もほどほど時間もほどほど、隠居するでもなく仕事に振りまわされるわけでもなく、すべてに中庸をわきまえて生きようと……。

白居易が教えてくれた「高等遊民」の生き方

じつは、この「高等遊民」という言葉はなにも私が勝手に創ったものではない。夏目漱石の小説『それから』に出てくる主人公・長井代助らの生き方を、当時の世相に照らして付けられたようだ。要するに高学歴を持ちながらも就職もせず、親の資産で食べている遊民である。

だが、私が目指す高等遊民はこれとは違う。だいいち親に資産などありはしないし、彼らのような世捨て人ではない。あくまでも現世を楽しむ生活人である。

そこで思いついたのが中国の詩人・白居易《はくきょい》（白楽天）の生き方だった。どこで見つけたかいまでは忘れてしまったが、彼はこんなことをいっていたのだ。

……大隠は朝市に住み、小隠は丘樊《きゅうはん》（山林）に暮らすが、山林では淋しすぎるし、都会ではうるさすぎる。だから中隠がいちばんいい。

この「中隠」とは「半隠遁」のことであるが、私はこれを私の高等遊民の生活と理解しているのである。なぜならこの半隠遁は、本格的な隠遁とも隠居とも違う現役生活をつづけながら、精神的には世間から一歩退いた生活のことをいう。

この詩は王康琚の「小隠は山林に隠れ、中隠は市井に隠れ、大隠は朝廷に隠れる」の句を基にしたものだろうが、いわば白居易は自分をそうした中間の場に置き、七十一歳まで役人生活を辞めることなく、かといってガムシャラに立身栄達を求めることもなく、忙しくもなく、かといって暇をもてあますこともなく、自分にできる範囲の高等な生活を実行した人だったのである。

白居易は、日本でも『長恨歌』や『枕草子』に登場する「香炉峰の雪」で知られる人物であるが、もちろん、その境地にたどりつくにはそれなりの苦悩があってのことだった。彼は二十九歳で難関の「進士」の試験に合格し、官僚として順調な出世コースを歩むのだが、四十四歳のとき讒言《ざんげん》にあって左遷された。この挫折が人生観を変えたのである。

それまでの彼は、諷諭《ふうゆ》詩の作品に見られるように、理想的政治に燃え、忌憚《きたん》のない言行で権力者の反感を買うような剛直の人であった。いわば儒教の徒。だが、この左遷を契機に老荘の徒となって、陶淵明の心境を慕って詩作にふけり、かといって退官もせず、七十五歳の生涯を閉じるまで、自分の楽しみを優先する生き方をつらぬいたのである。もし彼に挫折の人生がなければ、彼のおびただしい詩は残らなかったであろうし、彼の名もこれほど後世に有名になってはいなかったであろう。

楽天的に生きること

この白居易の生き方の哲学を一言でいうなら、老荘思想にいうところの「知足安分」。つまり「足ることを知りて、分に安んじる」ということである。『対酒』という詩でそれをこう詠っている。

蝸牛角上　何事を争う
石火光中　此の身を寄す
富に随い　貧に随い　且《しば》らく歓楽せん
口を開きて笑わざるは　是れ痴人

カタツムリの角の上のようなちっぽけな人間社会の中で、いったい何を争っているのか。人生は火打ち石を打ってチカッと光る短い時間の中にある。ならば、金持ちは金持ちなりに、貧しい人は貧しい人なりに、それぞれの楽しみと歓《よろこ》びがあるではないか。楽しいときには楽しいと口を開けて笑わない者は、そんな人はバカな人だよと。彼はその名が示すように「楽天」的に生きることをすすめた人であったのである。

事実、白居易の左遷後の人生は、世間とも役人生活とも深入りせず、かといって怠けることもなく、すべてほどほどのところに身を置き、自分の日常の楽しみを優先させる生き方に変えていたのである。五十八歳のとき中央に復帰したときも、みずから閑職を望み、七十五歳の生涯を閉じるまで悠々自適に過ごしたのである。私はこの白居易の生き方を知ったとき、思わず「これだ!」と叫んだのだった。この生き方だったら私にもできるのではないかと。

すでに私も六十路《むそじ》を過ぎ、逆算の人生がはじまっている年齢である。となればせめて残りの人生ぐらいは自分の思い通りに生きようと、金よりも時間を大切にして、世俗に惑わされない「高等遊民」の生活を実践しているのである。

第二章　高等遊民の先達に学ぶ

私の憧れる高等遊民の先達

高等遊民の具体的な実践論は後半に述べるとして、その前になぜ私が高等遊民的な生き方に共感を覚えるようになったのか、まずはそこから語っていこう。

いうまでもないことだが、人の生き方にこれが最良であるといった基準などありはしない。理想はありえても、それとて十人十色で、結局は一人ひとりで自分の生き方を探しだし、創りださねばならない。「人生とは自分探しの旅だ」といったのはヘッセだったが、その旅は他からあたえられた受動的なものではなく、みずからが望んだ主体的なものでなければ、充足した人生など送れないということである。

では、みずからが望んだ主体的な生き方とは、どのような人生をいうのか。なかなかの難問であるが、兼好も「先達《せんだち》はあらまほしき事なり」（第五十二段）といっているように、古今東西の先人の中から自分の好きな人を選んで、それを先達としてまねるのがもっとも賢明な方法といえるのではなかろうか。

そうした意味において、私には「こんな生き方ができたらなあ」と見本にしている二人の人物がいる。一人は十九世紀のアメリカの作家ヘンリー・デイヴィッド・ソローであり、もう一人は幕末の歌人橘曙覧《たちばなあけみ》である。この二人は意味合いこそ違うが、白居易のいうところの世俗を半分降りた「半隠遁《いんとん》」の生き方を見事に実践し、私のめざしているところの高等遊民の旅をつらぬいた人であったからだ。

半隠遁などというとややもすれば世をすねた消極的な生き方と思われがちだが、彼らは意識的に世間から一歩距離をおくことで、わずらわしい世俗にまみれることなく、そのじつ精神の崇高さを保って、自分に見合った積極的な人生を送ったところがよいのである。

ソローの妥協を許さない生き方

まず、ヘンリー・D・ソローだが、この人は日本では『森の生活（ウォールデン）』の著者として知る人ぞ知る人物である。だが、アメリカではつねに代表的作家の五本の指に数えられ、自然主義者、超絶主義者、奴隷解放主義者といったさまざまな顔をもつ偉人で、その証拠に一九六〇年には「栄誉の殿堂」入りをはたし、現在もっともアメリカ人に親しまれている作家でもある。

ソローは一八一七年、日本でいえば江戸後期の将軍家斉《いえなり》の御代、マサチューセッツ州ボストン市街のコンコードという町で生まれた。当時、ボストンは産業革命の嵐を受け近代化の波が押し寄せていたが、コンコードではそうした文明化や物質主義を嫌ったラルフ・エマソン（思想家・詩人）らの知識人が住んでいたことが、後のソローの生き方を決定したといえる。

というのも、ソローがハーバード大学の三年生のとき、そのエマソンが『自然論』を発表し、物質主義や合理主義を排して「直観」を重視する超絶主義（超越主義ともいう）を唱えると、ソローはこの思想に強烈な影響を受け、ただちにエマソンの信奉者となったのである。

エマソンのいう超絶主義とは、簡単にいうなら、カント哲学の「人間は経験とは関係なく真理を直観する能力がある」という超越的認識論を土台とするもので、彼はそれを汎神論《はんしんろん》的神秘主義の立場から「自然は意思の反映であり、人間も自然の一部であるから当然神秘性をもつ」ものとして、「感覚や経験ではとらえられない超越的真理を直観によって把握せよ」と説いたのである。これは東洋思想のヨーガ哲学や禅に通じるものであった。

大学を卒業したソローは、まずコンコードの小学校教師に就職した。ここまではわれわれと同じである。ところが彼は、「パンを得る過程において、おのれの潔白さを失うようなら、むしろひと思いに餓死するほうがよい」というほどの潔癖さを保ち、いっさいの妥協を許さない人間だったので、その職をわずか二週間で辞めてしまった。

理由は、その学校が児童に対してムチを振るうのを当然とした教育方針だったからだ。彼はその非を教育委員会に訴えたが、それがヨーロッパ的伝統の教育だと却下されてしまうと、即座に「おのれの潔白さを失う」とみずからの主義に従ったのである。

うらやましいばかりの潔さである。だが漱石先生ではないが、「意地を通せば窮屈」になるのが世の習いなので、こうしたソローの生き方は、それ以後、四十四歳の生涯をおえるまで、彼は定職といったものを持てず、金銭的な苦労を背負い込むことになった。

人生を規定するのは生まれ持った性格か

無理もない。一般論でいえば、生きるということは妥協の産物であり、とくに他人から給料をもらう立場であれば、妥協を許さず、自分の主義主張を通せばクビになるのが〝常識〟である。

これはわれわれが妥協を〝大人の知恵〟として置き換え、理不尽に思うことでもそれに従うことを〝組織のオキテ〟として容認しているからである。こうして、われわれは年を重ねるにつれて純粋性をなくすか、あるいは無理やり胸の奥におしとどめて、寄らば大樹の陰とばかりに組織に服従し、安定した生活を守るための理屈をつけて飼い慣らされていくのである。

だから、このソローの行為を「蛮勇」と見るか、「潔さ」と見るかで、われわれの内なる人間性を問うこともできる。「蛮勇」と見た人はより安定志向の強い現実派であり、「潔さ」と見た人はいまだ純粋性を残す理想派であるといえる。どちらの生き方が正しいかというより、極論するなら、「人生を規定するのは、その人の性格による」との名言もあるように、その人の持って生まれた性格に起因すると考えるべきであろう。

もちろん妥協できるかどうかの許容範囲はケースバイケースになるが、人によってはソローのように理不尽なことはなにがなんでも服従できないとする性分の人もいる。世間ではこのような人を〝正義漢〟とか〝意志の人〟と呼ぶが、その一方で〝大人げない人〟〝融通のきかない人〟との言葉を用意しているように、その選択を個人にゆだね、多くの人は自分の性格に合った楽なほうの生き方をしているのである。

とはいえ、性格ですべてを片づけられては身も蓋《ふた》もないので、いま少し補足しておくと、ソローがそうした潔癖な行動を選ぶことができたのは、じつは彼には、生活の糧となる仕事と人生を生きる本業とは別ものだとする考えがあったからである。

ソローが従事した仕事には、私塾の教師、家庭教師、測量士、大工、庭師、ペンキ屋、農業などが伝えられているが、そうした仕事を苦もなく身軽にできたのも、彼はそれらを単にカネを得るだけのアルバイトだと思っていたからであった。いまでいえばフリーターの生活である。ただし、今日のフリーターとソローが違うところは、彼は後に述べるところの高等遊民としての思想を一貫してつらぬいていた、ということである。

では、ソローが本業と考えていた仕事とはなにか。

それはエマソンのような思想家・詩人になることだった。思想家や詩人は人間の根源的な生き方を問うのが仕事であるために、彼はみずからの矜持《きょうじ》に反するような生き方はできなかったのである。もしソローに、こうした生きる上での明確な思想や信条がなければ、ソローの人生は今日のフリーターと同様の〃わがままな生き方〃であり、私も共感を抱くことはなかったであろう。だが彼は、そのわがままを不屈の精神に高め、それがための自由なる生活を追い求めたのである。

金を稼ぐことはその制度に身を売ること

しかしながら、人はめざした仕事で世に受け入れられるとはかぎらないように、生存中のソローもそうであった。時どきは詩や随想が雑誌に掲載されることはあっても、その多くは売れず、エマソンのような名声を得ることもなかった。いまでこそアメリカ人で彼の名前を知らぬ者はいないが、生きているときはほとんど無名だったのである。

思えばこの生涯は石川啄木と似ている。彼もまた「こころよく／我にはたらく仕事あれ／それを仕遂げて死なむと思ふ」と歌っているように、不本意な仕事をつづけ、貧乏と闘いながら詩人・小説家として名を成そうとした。だが、むしろそれより、その苦闘の中で〃悲しき玩具《がんぐ》〃としてもてあそんだ歌によって、天才歌人という名声を後世に残したのである。

定職のないソローの特権は、ありあまるほどの時間であった。そこで彼は、その時間を超絶主義者たちの機関誌『ダイアル』に寄稿したり、師であるエマソン宅に寄宿して編集助手を務めたりしながら、自分の信奉する主義主張を訴えた。しかし、それは月のうちのわずかな日数で、その多くは家で古今東西の古典研究に取り組む勉学の日々にあて、カネがなくなると時々前述のアルバイトをしたのである。

だが、こうしたソローの生活は、町の人にとっては単に怠け者としか映らなかった。時には、

「あなたは学歴もあるのに、なぜ定職にも就かずそんな怠惰な生活をしているのか」

と非難されることもあった。町の人はハーバード大学卒業という彼の学歴を惜しんだのだ。それに対して彼は、こう答えている。

「一日の多くの時間を他の人々のように社会に身を売るようなことになれば、人生は私にとって、もはやなんの生き甲斐《がい》もないものとなるにちがいない」

「みなさんは仕事、仕事というが、われわれの多くは大切な仕事などほとんどしていない。カネを稼ぐだけなら、かならず稼がせてくれた制度に身を売ることになる」

人生や仕事に対して、ふだん真剣に考えたことのない町の人にとって、この答えはかわいげのないものだったろう。だが、ソローにすれば、人生とは「生きるために食う」のであり、

「食うために生きる」のではなかった。だから単なる生活の奴隷になるよりも、思索にふける余裕の時間を持つほうが意義あるものだったのである。

たしかに彼がいう通り、人間は必要以上にカネを稼ぐとなると、多忙となり、その結果、さらなるカネのかかる生活システムに飲み込まれ、比例して精神的な自由な生活は送れなくなる。たとえば、われわれはカネを稼いだことによって住宅やクルマなどを手に入れることができるが、いったんこれらを手に入れると、それらを維持するためにさらなる必要経費がかかり、その返済のために生涯の多くの時間を稼ぐための仕事に縛られることになる。そしていつしか、そうした生活ができなくなることの不安を覚え、カネをあたえてくれる制度に身をゆだね、肉体ばかりか精神的にも従属した身となっているのである。それゆえに突然リストラされたり、会社が倒産するとあわてふためくのである。

ソローはこうもいっている。

「カネを得る手段は、エスカレートするとほとんど例外なく堕落への道をたどる。単にカネを得るだけの仕事は、仕事でもなんでもなく、怠惰、もしくはそれよりもっと悪い行為である」

これは詐欺師や悪徳セールスマンなどの、不正と知りながら儲《もう》けている人々を示すのであろうが、それでなくても、人はより多くの収入を得ようとすると、なおいっそう仕事の奴隷になるか、人間性を無視したことを平然とおこなうような徳のない人間になっていく。マスコミを騒がす大企業の不正事件はいうまでもなく、政官界の贈収賄事件、談合問題、あるいは座っているだけで高給をもらっている詐欺まがいの天下り官僚、医者たちの名義貸し、などがはびこるのはこのためである。仕事を通してみずからを高める自己啓発や、世のため人のための社会的貢献がないかぎり、それらは仕事でもなく、怠惰、あるいは悪徳である、とソローはいうのである。

不正義の政府のもとでは獄中こそが正義

ソローは自分に忠実な人であった。忠実とは〝わが良心に従って生きる〟ということである。彼はそれを、

「私は他人から強制されるために生まれてきたのではない。自分自身の流儀で息をするつもりである」

と表現しているが、そうなれば当然、世の中とは摩擦が多くなる。だがそれでもみずからの流儀を通した。むしろ自分の心に反した場合には牢獄《ろうごく》へ入ることすらいとわなかったのである。

事実、彼は二十九歳のときには〝入獄事件〟を起こしている。たまたま町に出かけたとこ

ろ、税金を払わなかったという理由で逮捕されたのだ。ソローにすれば、メキシコに侵略したり、奴隷制度を認めているような当時のアメリカ政府に納税することは、それに加担することだから、との理由であった。

おそらく彼の胸中には孔子《こうし》のいうところの「国家が道理によって治められている場合は、貧しくかつ賤しいのは恥である。だが、国家が道理によって治められていない場合は、金持ちや身分の高い者は恥である」(『論語』)との言葉があったのであろう。

この事態に驚いた師匠のエマソンが刑務所を訪ねて、

「ヘンリー、君はなぜこの中に入っているのかね」

と訊ねると、ソローは、

「あなたこそ、どうしてこの中に入っていないのですか」

と答えたという。不正義をおこなう政府の下では正義は獄中にこそあったのである。

この話は後にソローが書いたエッセイ『市民の不服従』(岩波文庫)で述べられているものだが、彼にすれば支配しない政府こそが最良の政府であり、政府の権力よりも市民の人権を優先すべきだと考えていたのである。この良心的不服従の理念は、のちの奴隷解放運動においても発揮され、やがてはアメリカのみならず世界各地で反体制運動を進める人々の理念となり、トルストイやインド独立の父であるマハトマ・ガンジーに多くの影響をあたえるものとなった。ガンジーは「一人に可能なことは万人に可能である」との言葉を残しているが、これとてソローがいった「一人にとって真実であることは、千人にとっても真実である」をもじったものである。

ソローのこうした行動は、無抵抗主義に徹した黒人運動の指導者マーチン・ルーサー・キング牧師、ベトナム戦争のときの反政府運動の先頭に立って投獄されたノーマン・メイラー、あるいはコネティカット州のクエーカー農園の一団にも強い影響をあたえ、いつしかソローはアメリカにおける自由と民主主義のシンボルとなってしまうのである。

そして、いまなお独裁政治を敷いている国々の市民にとっては、ソローが言い残した「人間を不正に投獄する政府の下では、正しい人間のいるべき場所も、また牢獄である」との言葉は、永遠の輝きを放つのである。ソローはまさしく〝わが良心のままに生きる〟人だったといえる。

なぜ『森の生活』だったのか

とはいえ、私はなにもここで反体制運動のシンボルとなったソローの生き方を真似ようとしているのではない。全共闘はなやかなりしころに学生時代を過ごした当時の私には、〝不服従の精神〟をつらぬいた彼の言葉はまるで〝神の声〟のように聞こえたが、それは若き血潮がたぎっていたころの昔のこと。世の中の裏も表も知り、精神的手垢《あか》のついた中高年の身となっては、いまさら反体制でもない。

あえていうなら私は、人はさておき、せめて己個人の中で、少しでもソローの純粋性と不屈の精神を見習って、人の邪魔にならないように、自由でまっとうな生き方をしたいと思っているだけである。

私がそうした生き方を望むとき、その見本として誘導してくれたのが、実をいうと彼が一時期ではあったにせよ、積極的に世俗からの逃避をこころみ、一人で高等遊民の〝森の生活〟を営んだことであった。

〝森の生活〟とは、彼が人生の本質を見極めるためにウォールデン湖畔に小屋を建て、二十八歳から三十歳までの二年二ヶ月あまりを、そこで自給自足しながら過ごした生活をいう。そのときの体験をまとめたものが『森の生活（ウォールデン）』である。

現在、この本はアメリカ文学の古典であるばかりか、日本でも名著として多くの人に読みつがれ、世界中の自然愛好家ならびに物質文明に疑問をもつ人々のバイブルとなっているものだ。

もちろん、こうした自由気ままな生活ができたのは、彼が独身者（ソローは生涯独身だった）だったということもあろうが、人生の本質を見極めるのに独身も妻帯者も関係ない。やる気と状況さえ整えば、少しぐらいは彼の真似事ができるのではないかと考えたのだ。いわば『森の生活』は私に高等遊民をすすめてくれた潜在的動機となった本だったといえる。

ソローが一人で〝森の生活〟を決意した理由については、超絶主義の実験者として、あるいは自然の中に宿る魂と直接霊的な交流をするためだったと識者たちはいっているが、たとえそうであったとしても、私にいわせれば、その本音はわずらわしい世間から逃れて、自己の魂を磨き、誰からも邪魔されずに本業であるところの著作に専念する時間が欲しかったからではなかろうかと思っている。

というのも、彼は温故知新の方法であらゆる古典的思想書や文学、とくにホメロス、プラトン、ウェルギリウス、ダーウィン、ゲーテ、リンネなどを耽読《たんどく》し、インドや中国の古典までその範疇《はんちゅう》にいれ、読んだ本からの抜粋を事こまかにノートに書き入れていたからだ。これは精神の自己鍛錬と同時に著作修業のなにものでもない。

自己の魂を鍛える方法は、もちろん学問や思索だけではなく、ほかの体験からも学ぶことができるが、いずれにしても大切なのは、そのときに「考える力」を持つということである。孔子の有名な語句に「学びて思わざれば則ち罔《くら》し、思いて学ばざれば則ち殆《あや》うし」（どんなに学んでも、そのことを自分で考えなければ、その道理はわからない。また、自分で考えるだけで、他から学ばなければ独りよがりとなって危険である）というのがあるが、自己鍛錬の王道は古今の聖賢たちの思想なり生き方を学び、それを自分の人格に取り入れ、わがものとすることである。

もちろん、そうした生活を営んだからといって、ただちに外見的な何かに結びつくものではない。実際のところソローも、その森の中で唯一じっくりと書き上げた『コンコード川とメリマック川での一週間』という本は、エマソンの世話によって出版されたものの、ほとんど売れなかったし、『森の生活』の本にしても、その完成は七年後のことであり、多くの人に読まれたのは死後のことであったのだ。

貧しくとも優雅な生活

森に住む。都会育ちの私などは、この一言だけで「ああ、いいなぁ」と憧《あこが》れてしまうが、ではソローの森での生活はどのようなものだったのか。

残された膨大な日記によれば、彼は毎日、陽が上がると同時に小鳥のさえずりで目を覚まし、沐浴《もくよく》をし、読書をし、畑の手入れをし、散歩をし、帰宅してからは思索と観察記録を日記にまとめ、そしてまた読書という日々であった、と記している。

むろん自給自足をめざしたので、その畑で空豆やジャガイモ、エンドウ、トウモロコシなどの栽培の様子も書かれてあるが、それは苦労というより楽しみとして述べている。これはソローが目的を別のところに持ち、あくまでも〝森の生活〟を非現実の楽しみとして過ごしていたからであろう。

彼がそうした生活の中でもっとも多くの時間を費やしたのは散歩だった。一日のうち少なくとも四時間の散歩をしないと、心身の健康を保つことができないといっている。

散歩といえばカントを思い出すが、そのカントですら散歩の時間は午後七時からの二時間余りであり、目的は気分転換と運動不足をおぎなうためだったというが、ソローの場合は、この散歩こそが目的であり、自然観察と思索によって自己の魂を磨いていたのである。

彼はフルートとノートを持って林を抜け、草むらを横切り、丘をのぼり、岩や切り株に腰を掛けてはフルートを吹いた。時には森の中の小動物とジャレ合い、語り合い、池や小川で魚を釣るといった、まさに森の住人としての自然に抱かれたうらやましいかぎりの生活を送ったのだ。後の世になって彼は、失われた北米の貴重な自然を記録したナチュラリストとして評価されるが、いわばこれは結果であり、当時の彼は仕事としてではなく、楽しみでそうしただけである。

ソローはそうした森の生活の楽しみを、こんなふうに記している。

自然がもたらす、あるがままの日々は、かけがえのない平静さをもたらし、楽しさは周囲にいっぱいころがっていた。他の人々はわざわざ外出して、社交とか劇場に行って楽しみを求めなければならないのに、私の生活はそのものが楽しみであり、少しも新鮮さを失わないということだ。

そして、さらにこういう。

床が汚れれば、朝早々に起き、家具をことごとく戸外の芝生の上に並べ、それから床の上に水をまき、池から運んできた白い砂を床の上にかけて、箒で白くなるまで磨いた。村人たちが朝食をおえる頃までには、小屋は朝日ですっかり乾いているので、それから家具を再び入れるのだ。その間、瞑想を始めるのだが、誰からも妨げられることはなかった。自分の家具がそっくりそのまま芝生の上に並んでいるのを見るのは楽しかった。家具も戸外に置かれているほうが嬉しそうに見えた。だから家具の上に日除けの幕を張って、その中でゆっくり座っていたい誘惑にかられた。陽の光が家具を照らし出す姿を見たり、また家具の上を風がサーッと吹き抜けてゆく音を耳にするのは快いものであった。

われわれ都会人が物質文明の中で忘れてしまった楽しみを、ソローはこと細かに描写するのである。ともすれば、見飽きたり、見過ごしてしまう自然の風景をつねに新鮮な気持ちで眺め、そこに楽しみを発見し、感動すら覚えるということは、ソローの心が純真で平穏であったという証《あかし》だろう。なぜなら、物いわぬ自然を愛するには理屈や打算が通じるはずもなく、心に心配ごとがあったり、邪念があっては自然を楽しむことなどできないからである。現にわれわれは、見上げればそこにある夕焼けの美しさも、目を落とせば路地に咲く一輪の花の可憐《かれん》さも、多忙の中で忘れているではないか。

〝高等遊民〟は町中から遠くないところに住む

こう書いてくると、あたかもソローという人は人間嫌いだったように思われるが、けっしてそうではない。彼は隠遁者をめざしたわけではなかったので、その家は山奥ではなく、町はずれの森の中にあった。四坪ほどのその小屋はコンコードの町中から二・五キロメートルのところにあり、窓からは五百メートルほど先を走る汽車の姿も見えたのである。

それゆえ彼は、気が向けば森を出て町の人びとと会話をかわすことも、カネに困ると日払いのアルバイトもできたのである。要するに彼の生活は、一人になりたいときは一人になることができ、人の顔が見たいときは会いにいける、といった理想と現実の〝中間〟に身を置いた生活だったのだ。これこそ白居易のいうところの「半隠遁」であり、私がすすめる高等遊民でもあるのだ。

われわれは隠遁者と聞くと、すぐさま世俗を離脱して仏道に入り、もっぱら仏に仕える出家者を想像しがちだが、じつをいうとわが日本の文学史上でも、隠棲者《いんせい》と呼ばれる西行《さいぎょう》、兼好、長明、良寛らにしても、彼らは本当の意味での世に隠れて棲《す》む隠遁者ではなく、いずれもソローのように町はずれの山里に住んで、出かけたいときには出かけて行くといった〝自由人〟にほかならなかったのである。

たとえば兼好は、「世を遁《のが》れんことこそ、あらまほしけれ」と、隠遁のすすめを唱えながらも、その実態は隠棲の場所を何度も変え、晩年のそれは洛中《らくちゅう》にちかい双ヶ岡《ならびがおか》であった。『徒然草』を読んでもわかるように、時には町にでかけ、時には旅行し、多くの人と語り合っていたのだ。

なかでも六歌仙の一人である喜撰《きせん》法師などは、江戸川柳でも皮肉られているように、隠棲したといいながら、「わが庵《いお》は都の辰巳……」と、みずから住所案内の歌まで読んでいるくらいである。いわば彼らは精神的な非僧非俗の生活を送ったにすぎなかったのである。

ソローは、こうした森の生活から得た教訓として、最後の章でこういっている。

私は自分で実験した経験から、少なくとも次のようなことを学んだ。もし人が自分の夢に向って自信をもってまっしぐらに進み、自分が想像したような生活をしようと努力すれば、普段考えてもみなかったような成功にめぐり合うだろう。（中略）自分の生活を簡素なものにしてゆけば、これに比例して宇宙の法則も複雑ではないように見えてくるだろう。孤独は孤独ではなくなり、貧困は貧困ではなくなり、弱点は弱点ではなくなる。

ソローは、けっして人生を逃れるために森に住んだのではなかった。むしろ逆であり、不正義が罷《まか》り通る社会から積極的に逃避して、あらためて人間社会の有り様を見据えたのである。そしてそこで得た結論として、単純で質素な生活ほど人間としてふさわしい生活であり、それによって人の魂（人格）は磨かれ、より強さを発揮することを得たのである。

ソローが死んで百年が経ったとき、つまり一九六〇年代になって、やっとドイツの経済学者フリッツ・シュマッヘルが「スモール・イズ・ビューティフル」という運動を唱え、膨張する近代経済主義の奢《おご》りを批判し、この考えかたは後に「シンプル・イズ・ベスト」となって世界的に波及したが、その先駆者がソローだったのである。この思想は地球汚染がはびこる二十一世紀のいまこそ見習うべきものである。

『森の生活』は私に多くの示唆をあたえてくれたが、とくに次の言葉は、高等遊民をめざす私の生活信条として忘れえぬものとなっている。

進歩を求めて、そんなに心を煩わしたり、あまたの外圧に翻弄されて、それに服従してはならぬ。それは、すべからく精神の浪費なのだ。（中略）生活のレベルが少し下がっても、心の豊かさがもう一段だけ向上すれば失うものは何もない。余分な富を持つと、余分な物しか購入しない。魂が必要としているものを購入するのに、金銭などは必要ないのである。

これこそ至言である。ソローの時代はまだ地球環境の汚染問題などなかったが、彼は百余年前にすでに科学的物質主義がもたらす荒廃に警鐘をならし、人間の奢りを憂い、本当の人間のあるべき姿とは何かを教えていたのである。少しおおげさにいえば高等遊民になるためには、こうした現実に立ち向かうための自己を確立しておかなければできないということである。そこが単なる遊び人としての〝遊民〟とは違うのである。

橘曙覧とは何者か

では、ソローが唱えた「本来の人間のあるべき姿」とは、具体的にはどのような生き方をいうのか。

じつは、この生き方はソローの指摘を待つまでもなく、日本の隠棲者と呼ばれた人々が、「清廉」とか「清貧」とかの生き方で実践してきたことであり、近代明治を迎えるまでの日本人の伝統的精神だったといえる。

とくに自然との調和あるいは共生においては、科学万能主義を標榜《ひょうぼう》する西洋思想と違って、東洋思想の根幹をなすものであり、人間と自然の共生の中にこそ、その真髄は発揮されるものなのである。

そうした中にあって、さらに私が多大なる影響を受けたのが幕末の歌人・橘曙覧の生き方であった。この人こそ私のめざす高等遊民のモデルにふさわしい人なのである。

橘曙覧は、江戸末期（一八一二年・文化九年）、ソローより五年前に福井で生まれた歌人であるが、歴史上かくべつに名を成し、功を遂げた人ではない。歌人としても無名にちかく、みずからも、

歌よみて遊ぶほかなし吾はただ
　天にありとも地《つち》にありとも

と歌っているように、ただの歌詠みであった。もともとは大商家の後継者であったのだが、

金勘定をするのが自分の性格にあっていないと、跡目を弟に譲り、みずから清貧を友とし、名を求めず、利欲も求めず、ただひたすら歌だけを詠った人である。

歌詠みの才能は天才といわれるほどで、幕末の四賢侯といわれた福井藩主松平春嶽《まつだいらしゅんがく》が、その才を惜しんで再三仕官を要請したが、そのたびに曙覧はこれを辞退し、市井の中でひっそりと、自然を愛し、家族をいつくしみ、孤高の中で生きたのである。

こういうと、なにか世をすねた〝変わり者〟のように聞こえるかも知れないが、もちろん曙覧は変人ではない。かといって説教がましい隠遁者でもなく、どこかの村や町にもいそうな、ごく平凡な穏やかな人であった。ここがいいのである。

功なり名を遂げんと野心に燃えている若い人には、名もなく貧しく生きた曙覧の、どこにそんな魅力があるのかと思われるだろう。血気さかんな若い頃は「静」より「動」を好むものだし、波瀾《はらん》万丈に富んだ歴史上の英傑たちにより魅力を感じるかも知れない。だが、いつしかその夢を削りながら、だんだん歳を取って、世間の清濁を味わってくると、無私無欲とも違う、あえていえば無為自然の、そう、ただ流れる雲のように悠然と生きた曙覧の人生が、いかに貴く、いかに尊厳に満ちた美しい生き方であったかと、私も中年と呼ばれる年を過ぎてやっとわかるようになったのである。

詩的に生きることは詩をつくるよりむずかしい

人を純粋に愛し、自然と調和し、家族を大切に思い、利欲を求めず、かといって世を恨むことも愚痴ることもなく、ただひたすら自分の心に忠実に生きた曙覧の人生は、言葉で書くと簡単なように聞こえるかもしれないが、こうした生き方は世俗の栄達を極めるより難しく、また求めようとしてもなかなか求められるものではない。「詩的に生きることは詩をつくるよりもむずかしい」との西洋の諺《ことわざ》があるように、頭では美しく生きることを想像できえても、それを現実に実行することは至難のことなのである。

だが、曙覧の人生はまさしく詩的であり、そしてなによりも素晴らしいのは、貧しさの中で生活のすべてを「たのしみ」に変えてしまう心をもち、人生を充足して生きたということである。

たとえば、曙覧の歌としてもっとも有名なものに「たのしみは」で始まる『独楽吟《どくらくぎん》』というものがあるが、これを読めば曙覧の人柄はもちろんのこと、今日の文明社会の中でわれわれが忘れてしまった「幸福《しあわせ》」を、胸にしみいる三十一《みそひと》文字で教えてくれるのである。

たのしみはまれに魚烹《に》て児等《こら》皆が
　うましうましといひて食ふ時

たのしみは珍しき書《ふみ》人にかり
　始め一ひらひろげたる時

たのしみは心をおかぬ友どちと
　笑ひかたりて腹をよるとき

たのしみは常に見なれぬ鳥の来て
　軒遠からぬ樹に鳴きしとき

どれもみな貧しい生活の中で、生きるよろこびの一瞬を詠ったものであるが、この清浄たる心映えはどうだろう。読めば読むほどその情景が目に浮かび、ほのぼのとした幸せが心にしみこんでくるではないか。

あの幕末の喧噪《けんそう》の中でこうした自由で斬新《ざんしん》な生活歌をつくった人がいた、ということ自体すでに感嘆を禁じえないが、曙覧はこの種の歌を五十二首残している。しかも、その歌の心は「至誠」にして「素直」。なにごとにも正直に、一片の邪心もなく、心に浮かぶよしなしごとを思うがままに歌っている。

これはできるようで、できるものではない。人は才能があればあるほど、その才に溺《おぼ》れ、技巧を凝らし、奇をてらい、自慢したくなるものだが、曙覧の歌にはそうしたものがいっさい見られない。あくまでも自然であり、あくまでも素直である。こうした歌をうたえるということは、なにものにもとらわれない広い心と、自分に対する自信があったからであろう。

死後に子規が絶賛

この曙覧の歌を最初に高く評価したのは福井藩家老の中根《なかね》雪江《ゆきえ》であった。雪江は松平春嶽公のもとで一橋慶喜《ひとつばしよしのぶ》（徳川十五代将軍）の将軍擁立や公武合体運動などに活躍した幕末の有名人であるが、じつは最初、その彼が曙覧に歌を教えていたのだが、「余は始めの程こそ先達めきて物しつれ、いまはかなわぬ」といって、後には曙覧の弟子になった人である。

その雪江が、曙覧の歌を評して「世のありきたりの風を抜きん出て、何よりも上世の心ばえを主んじ、世間に起こる事や意表に思うことどもを、ただそのままに詠みあげている」と、その斬新さを誉め称《たた》えたのであった。

それだけなら曙覧は、単なる江戸末期の福井における歌人として歴史に埋もれてしまっただろう。だが、誰の胸にも自然としみこんでくる曙覧の歌を、天は彼を地方歌人のままにはしておかなかった。江戸が明治という新しい時代を迎えたとき、天才は天才を知るといわれるように、あの正岡子規《まさおかしき》が「曙覧の歌こそ実朝《さねとも》以後のただ一人の歌人である」と絶賛したのである。

いうまでもなく子規は、明治期の歌壇・俳壇に君臨した日本の代表的歌人であり、和歌・俳句の革新を唱道した人物である。有名な『歌よみに与ふる書』によれば、「貫之は下手な歌よみにて……」といった鋭い語調で「古今集」の歌人を否定し、「万葉集」を高く評価した人物でもあった。その彼がめずらしくも明治三十二年四月の『日本新聞』で、この曙覧の歌を次のように賞賛したのである。

……その歌は、古今・新古今集のありきたりの古くささがなく、賀茂真淵《かものまぶち》や香川景樹《かがわかげき》のように月並みでもなく、万葉に学びながら万葉でもなく、日常一般を思うがままに歌いながら、いささかの俗気もない。歌といえば、誰しも花や月の風雅を貴しとするのに、そのようなことは捨てて、直接に自分の心を歌に詠んでいる。それでいて、その見識は高く、凡俗を超越している。こんなすばらしい歌人を世間の人は知らない、というのは何ということか。(中略)歌人として彼を賞賛するのに千万言をついやしても誉めすぎることはない。

まさに絶賛の評価である。

この評価があたえられたのは、曙覧の死後（曙覧は明治に改元される十日前の慶応四年、五十七歳で死んでいる）三十余年が過ぎたときのことであった。いわば曙覧は、このとき初めて中央歌壇に認められたのであるが、曙覧がそのことを草葉の陰で喜んだかどうかわからない。なぜなら彼は有名になりたいと思って歌を詠むような人ではなかったからだ。

だが、それ以後、後世の文芸評論家たちは子規のお墨付きを得たことで、「清貧の歌人」としていまでは教科書や人名辞典にも掲載される歌人となっているのである。

とはいえ、私にいわせれば曙覧は「清貧の歌人」というより、「清廉の歌人」であったというべきだろう。なぜなら江戸の歌人たちはおしなべて清貧であり、むしろ曙覧の非凡なところは、求められる立場にありながら、利欲を求めず、世俗を排して清く正しく清廉に生きたその生活態度こそ賞賛に値するからである。

クリントン大統領が称えた曙覧の歌

ところが、世間というのは不思議なもので、一世紀過ぎた今日、この曙覧が今度は異国のアメリカから再評価され、いま静かなブームになっているのである。

あれは平成六年の六月、天皇・皇后両陛下が即位後はじめてアメリカを訪問されたときのことだった。その歓迎レセプションの席でクリントン大統領が、

たのしみは朝おきいでて昨日まで
　無かりし花の咲ける見る時

という曙覧の歌をスピーチで読んだことから、一躍、彼は「世界の歌人」としてその名を広めたのであった。それを祝して現在、福井市には曙覧の栄光を称えて記念館まで建っている。

しかし、それにしても、あまたいる日本の有名歌人をさしおいて、なぜ無名な曙覧の歌を選んだのか。伝聞によれば、大統領のスタッフがドナルド・キーン（日本文学研究者）の著述から引用したとのことだ。

その主旨は、曙覧の歌に込められた日本文化の清浄たる精神を尊び、新たなる日米親善によって、〝昨日まで無かりし花〟を築いていこうとの気持ちを託したものだという。いずれにしても曙覧ファンの私としては、日本でもあまり知られていない曙覧を評価してくれたことは嬉《うれ》しいかぎりである。

貧窮にあっても心は黄金のように

私はこの曙覧が好きで、できうれば老後は、この人のような生き方がしたいと思っている。とくに感嘆するのが、どんな境遇にあっても「楽しさ」を求めたその心持ちである。

曙覧は三十五歳の時、「歌詠み」として独立した。当時の平均寿命からすればすでに初老であり、いまでいえば五十歳前後にあたるだろう。もちろん妻も子供もいた。にもかかわらず彼は、貧困を承知で大店《おおだな》の跡継ぎを弟に譲り、かといって一般の人のように土にまみれて農耕をするでもなく、網を張って魚を獲《と》るでもなく、世俗の付き合いを半分捨てて、歌詠みの道をめざしたのだ。私のいうところの高等遊民であり、いまでいうなら脱サラして歌人をめざしたといえる。

だが、今日のようにマスコミが発達しているわけでもないので生活は即座に困窮した。いかに田舎での生活とはいえ、当時、学問や歌だけで自活するのは容易なことではなかった。あの本居宣長《もとおりのりなが》ですら小児科の開業医であり、曙覧の師匠にあたる田中大秀《たなかおおひで》は薬種業を営んでいた。大ベストセラーの『南総里見八犬伝』を書いた滝沢馬琴《たきざわばきん》ですら家伝の薬丸を売って生計を立てていたほどである。

だが、曙覧は金を得るだけの職業からいっさい離れ、町はずれの足羽山《あすわやま》の麓《ふもと》にあばら屋を建てて、歌詠みだけの生活に入ったのである。

その陋屋《ろうおく》を「黄金舎《こがねのや》」と名づけた。もちろん逆説的な比喩で、身は貧窮のなかにあっても心は黄金のように輝いているとの意味である。歌集から想像するに、その生活の糧は門弟からの援助と寺子屋の謝礼、書の潤筆料などによったものと思われるが、そんなものはたかが知れている。だが、たとえ住む家があばら屋であり、日々の暮らしが貧しかったとしても、自分の好きな道で暮らしていけることを思えば、それはいかなる御殿に住むよりも「黄金舎」と思えたのである。

こうして曙覧の歌詠みとして新しい人生がはじまるのだが、この決意の表れを『志濃夫廼舎《しのぶのや》歌集』の巻頭でこう歌っている。

あるじはと人もし問はば軒の松
　あらしといひて吹きかへしてよ

もし人が訪ねて来て、主人はいるかと聞いたら、軒の松に吹く風よ、あらし（あらじ＝いない）といって吹き返しておくれ、との意味だ。世俗とのわずらわしさを断ち切るぞ、との覚悟の歌である。

さりとて曙覧はけして出家者のように悟りを開いたわけでもなく、隠遁者のように世間を完全に捨てたわけでもなかった。いわば身を世俗と理想の中間に置き、ただ心静かに好きな歌を詠みたかっただけの〝普通の人〟であった。

普通の人ならば、いかに自分で決めた道とはいえ、その苦労に耐えかねて、時としては暗くなったり、世をすねたりするものだが、曙覧にはそのような暗さの歌はひとつもない。それどころか、いつも心穏やかに日常の歓《よろこ》びにあふれている。白居易も楽天的な生き方をすすめていたが、曙覧もそうであった。いわばこれこそ「金持ちよりも時間持ち、物持ちよりも心持ち」を目指す高等遊民の真髄であり、暗くなるようだったら半隠遁などしないほうがよいのである。

啄木の哀しさ、曙覧の愉しさ

このような精神力の強さはどこから生まれるのだろう、と私は感心するばかりである。たとえば、その精神の崇高さは、曙覧と同じように貧困生活の中でその心情を歌った、あの天才歌人・石川啄木とくらべてみればよくわかる。

はたらけどはたらけど　猶わが生活《くらし》

楽にならざり　ぢつと手を見る

友がみなわれよりえらく見ゆる日よ
　花を買ひきて　妻としたしむ

わがこころけふもひそかに泣かむとす
　友みな己が道をあゆめり

いずれも啄木の代表的な歌である。この悲哀にみちた心情こそ啄木の真骨頂であり、だからこそ万感胸に迫るのであるが、曙覧はけしてこのような歌はうたわない。歌わないどころか、その貧しい生活の中でも愉《たの》しみを発見し、ユーモアをもって歌うのである。

たのしみは妻子《めこ》むつまじくうちつどひ
　頭ならべて物をくふ時

たのしみは銭なくなりてわびをるに

人の来たりて銭くれし時

たのしみはいやなる人の来たりしが
　長くもをらでかへりけるとき

同じ貧しさの中で啄木はその暗さを歌いあげ、曙覧は明るさを見つけ、なんでもない日常の中に具体的な幸せを見せてくれるのである。この差はどこからくるのであろう。「文は人なり」というのならば「歌も人なり」で、その人の性格や人柄がこの差をうみだしているというべきであろう。

なにげない日常の愉しみ

豊饒《ほうじょう》たる生活になれてしまった現代人の目からすれば、曙覧の歌を、なんと貧乏くさい歌かと思われる人もいようが、私にいわせればそういう人は現代社会の贅沢《ぜいたく》に毒されている人で、ある意味では本当の幸福が何であるかを知らない人ともいえる。

賢明な読者ならすでに曙覧の歌を読んで、そのことを理解されたであろう。たとえば、

たのしみはまれに魚烹て児等皆が
　　うましうましといひて食ふ時

の歌の情景を考えてみるとよい。

おそらく夕餉《ゆうげ》のときであったろう。ひさしぶりに煮魚のおかずがでた。子供たちがわずかばかりの魚を分け合って、「うまい」「うまい」と声をはりあげて食べている。その様子をそばで見ていた曙覧は「ああ幸せだな」と実感するのだ。ほのぼのとした一家の幸せが手に取るように伝わってくるではないか。

それにくらべて今日のわれわれの生活はどうか。何品ものおかずをテーブルの上に並べながらも、「きょうはハンバーグが食べたかったのに」とか、「これ、うまくないよ」とか、子供たちは文句ばかりをいっているのではないか。せっかく作ったおかずに文句をいわれたお母さんも黙ってはいまい。「なにいってるのよ、そんなこというなら食べなくてもいいのよ」と怒り口調になり、いやな雰囲気が漂って、あとはテレビを見ながら黙ったままで食べるだけ。これでは楽しいはずの団欒《だんらん》も台無しである。いや、もはやこうした一家団欒の光景さえ、お父さんは会社に捕われ、子供たちは塾に捕われて消えてしまったのが今日の姿ではあるが。

曙覧の家族はわずかばかりの煮魚の食事で幸福感を味わい、曙覧より何倍もの「いい生活」をしているわれわれ現代人の食事は、何品ものおかずを並べながらも、それをけして幸福などとは思わない。これはわれわれの心から「感謝」とか「知足」といったものが忘れ去られてしまったからである。同時にわれわれは本当の幸福がどこにあるかすらもわからなくなっているのである。

曙覧の歌を読んでいて私がつくづく感心するのは、その歌の視点である。別の言葉でいえば、前章で述べた幸福に対する価値観といってもよい。つまり啄木は、自分の才能が世に受け入れられないことの不満を歌に託し、友と比較して自分の不遇を嘆いた。自分はこんなにも努力しているのに世間の人は誰も認めてくれない。認めてくれないどころか友人たちはみんなそれぞれ出世していく。どうして自分だけはこんなに不幸なのかと……。

だが、曙覧の歌は、どの歌をとっても名声を得ようとか、他人との幸福感をくらべようとかの視点はない。あるがままの状態をあるがままに歌い、そのあるがままを愉しむのである。だから世間に対する不満も愚痴もまったく出てこないのだ。要するに、これこそ前述した「知足心」であり、「無分別」の生き方というものである。こうした生活苦ですら楽しみに変えてしまう曙覧の人柄を総称して、私は「人生の達人」と呼ぶのである。

たわいない日常をなにごとも愉しみに変えてしまうこの発想こそは、曙覧の精神的美意識であり、そこにこそ彼の幸福観をふくめた人生観があったといえる。曙覧にとっては、〝美しく生きる〟ということが善であり、正しいことであって、それが生きることの信条だったのである。

「嘘いうな、物ほしがるな、体だわるな」

曙覧の歌は、貧にありても窮せず、衆にありても高ぶらず、あるがままの状態をあるがままに歌うことに徹している。それはまさに正直だけを貫いた誠実一路の境涯だったといえるだろう。

そのことは、曙覧の嫡男今滋《いましげ》が書いた『橘曙覧小伝』の中にある、三人の子供たちに残した言葉、すなわち「嘘いうな、物ほしがるな、体だわるな。……先子（父）の性行を意味せむには、ただ至誠の二字」という遺訓の中にもよく表れている。現代風にいうなら、「嘘をつくな、物を欲しがるな、骨身を惜しむな」ということである。

人間が人間として社会の中で生きていくとき、いちばん大切な徳は「正直」ということである。イギリスの諺にも「正直は最善の策」とあるように、どの民族にもみられる普遍的な道徳観である。それは人間が秩序ある社会を築こうとするとき、守らねばならない最低のモラルだからだ。すべての徳はこの「正直」から始まるといってよい。「嘘をつくな」「約束を守れ」「不正をするな」「卑怯《ひきょう》なことをするな」と、あらゆる道徳の源泉である。もしこの最低限のモラルを破れば、その人は「嘘つき」「卑怯者」と呼ばれ、誰からも信用されなくなり、社会からつまはじきになるからである。

そして第二の鉄則が「物ほしがるな」。これはすでに何度も述べたように「知足の精神」である。身のほど知らずの欲望こそは身を滅ぼすもとであり、心を惑わす元凶である。曙覧は贅沢を戒めることで、身を慎む心を養い、慳貪《けんどん》なる賤《いや》しい心の人間になるな、と教えたのである。そしてさらに三番目の鉄則として「骨身を惜しむな」という。これは単に体を動かせという意味ではなかろう。人の心はえてして安易なほうに流れやすいものなので、楽をするより、より難しいほうを求めて、その喜びを知れということである。いうなれば曙覧は「正直」「知足」「勤勉」の三つを人生の幸福の三原則として子供たちに残したのである。

恥かしいのは自分の心に嘘をつくこと

いま、こうした訓戒を垂れられる親がどこにいるだろう。それは私をふくめて親みずからが実行していないからである。とくに「正直」に関しては、誰もがそうありたいとは思うものの、「バカ正直」とか「正直は阿呆《あほう》の異名」といわれるように、正直者がバカを見ることが多い世の中だからである。

だが、曙覧はそれを承知で三訓の最初に「うそいうな」と教え、「父の性格は至誠の二字で貫かれていた」と嫡男の今滋はいうのだ。至誠の人とは「正直」をさらに高め、すべての徳をふまえた〝まごころの人〟ということである。

それを表すようにこんな歌がある。

米の泉《ぜに》なほたらずけり歌をよみ
　文を作りて売りありけども

たのしみは銭なくなりてわびをるに
　人の来たりて銭くれし時

曙覧はけして聖人君子ではない。われわれと同じ市井の人である。だから前者の歌のように、歌を詠み、文（書）を作って売って歩いたが、それでも米を買う銭がたらない、と正直に告白する。あるいは後者の歌のように、お金がなくて心わびしくなっているときに、誰かが来てお金をくれたときは嬉しいと歌う。

曙覧がエライのは、極貧の状態にありながらも、人生に対して何のひがみも持たず、そうかといって隠遁者のような説教臭さがないことだ。貧しければ貧しいと歌い、金がなければ金がないと歌う。これは自分の生きかたに自信がある証拠で、貧乏であることが恥ではなく、恥なのは自分の心に嘘をつくことだと知っているからだ。だからこうした歌が詠めるのである。

誰にも迷惑をかけず、正しいと信じた道を歩む曙覧にとっては、その貧乏さえも歌の題材として遊んでしまうのである。人を押しのけても金持ちになろうとする現代人にはとてもまねのできない心持ちといわねばならない。これこそ「至誠の精神」があったればこそである。

至誠を尽くすことは最高の美徳

至誠などという言葉はいまでは死語になりつつあるが、儒教の教えが残っていた戦前までは徳の中でも〝最高の徳〟とされていたものだ。

『中庸』という本によれば「誠は天の道なり、之を誠にするは人の道なり」としている。ここから格言として「至誠天に通ず」が生まれた。真心を尽くして誠実に事を実行すれば、その気持ちが天に通じて、よい結果が得られるという意味である。

私が拙訳している新渡戸稲造の『武士道』（ＰＨＰ研究所）の中でも、次のように述べている。

孔子は『中庸』において誠を尊び、これに超越的な力をあたえて、ほとんど神と同一視した。いわく「誠は物の終始なり、誠ならざれば物なし」と。孔子が熱心に説くところによれば、誠は遠大にして不朽であり、動かずして変化をつくり、それを示すだけで目的を遂げる性質を持っているという。

要するに「誠」とは、真心（魂）から生まれ誠意となって表れるものだから、その究極の至誠は神のごとくである、というのだ。それゆえ人はそこから生まれ出る行為に対しては、理屈で説得しなくても信頼し、黙っていてもその人の目的を達成してくれる、と。

余談になるが、「誠」はまた、武士道精神においても最高の徳とされている。というのも「誠」という字は「言」と「成」が組み合わさってできているように、それは「言ったことを成す」という武士道の行動規範そのものを示す文字だからである。「武士に二言はない」という言葉はここから生まれ、一度、イエスと承諾すれば命に代えてもそれを実行しなければならなかったのである。

逆に「誠」でない人間、つまり「嘘つき」や「臆病者《おくびょう》」が、なぜ人間としてもっとも卑しい者として軽蔑《けいべつ》されるのか。説明するまでもないが、それは嘘つきや臆病者は心の中で背信を育て、嫉妬《しっと》や裏切りを培い、しばしば自己放棄して逃げてしまうからである。一つひとつは小さな悪であっても、それらは結果的には大きな悪となり、社会を乱すもととなる。だからこそ嘘つきや卑怯者は社会の元凶として、いつの世でも嫌われ、軽蔑の対象となるのだ。

曙覧が正直さを求め、至誠を貫き、それを子供たちの遺訓としたのは、それが世を生きる上での原理原則であり、地位や財産がなくても「信用」を得れば、それ以上の幸福な人生を送れるとの体験があったからであろう。

私は、この橘曙覧の生き方を知ったとき、月並みな言葉でいえば目からウロコが落ちるような感慨を覚えた。こういう生き方もあるのかと……。

誇りをもって生きるには自信と意志力が必要

そこで考えた。では、こうしたソローや曙覧の境地に少しでも近づこうとするなら、われわれにはいったい何が必要になるのだろうか、と。逆にいえば、ソローや曙覧の精神の根本にあったものは何だったのかということである。私はそれを「自信」と「意志力」だと考えている。

人間が人間として誇りを持って生きようとするとき、もっとも必要なものは何か。それは「かくあるべし」とする自信と意志力であると思っている。平たくいえばヤル気である。

ソローの師であるエマソンは『自己信頼』という随想の中で、「内心に潜む確信を語れば、かならず普遍的な意味をそなえる」といっているが、その自己信頼、つまり自信を、誰よりも持っていたのがソローだった。その点においては曙覧も〝わが心のまま〟にと生きたのだから同様だったといってよい。

福沢諭吉《ふくざわゆきち》はこれを「独立自尊」と表現しているが、人は自分自身を信じることなしに、何を信ずることができよう。自分を信じているからこそ、他人を認めることができるのである。この心さえあれば自分は自分、他人は他人として認めることができるし、人を羨《うらや》ましがることもない。またヤル気という意志力をなくしては何も成就することはできない。これは過信とも傲慢《ごうまん》とも違う、いわば独立自尊の精神なのである。

ニーチェも「自信と意志力はすべてを切り開く根源である」といっているが、国家民族の歴史も、一人の人間の歴史もすべては、その個人の中にある意志力によって築かれてきたのである。

たとえば、法隆寺がいい例である。この寺は、周知のように世界遺産にも指定されているように、古代の木造建築をいまに残す〝日本の美〟である。すでに千四百年前に建てられたものだが、あの阪神・淡路大震災のとき近代建築の高層ビルが崩壊したときでも、びくともしなかった。もちろん長い歴史の中では、この寺も幾多の災難に遭遇し、何度も崩壊の危機に瀕《ひん》したのだが、そのたびに修復され、いまなお昔のままの美しい姿を保っているのである。

誰がそれを修復してきたのか。時の為政者か、国家か。いや、そうではない。それは「美しい法隆寺を守ろう」とする意志のある人々によって修復されてきたのである。

作家の塩野《しおの》米松《よねまつ》さんの話によれば、法隆寺の西側には西里と呼ばれる集落があり、古来、そこに住む人々が無報酬で守ってきたのだという。この集落の人は、日頃は農業に従事しているのだが、法隆寺が修復を必要としたときには、左官となり、屋根葺《ふ》きとなり、石工となり、大工となって、飛鳥《あすか》の昔から受け継がれた伝統の技で、もとに戻してきたのである。それは彼らが、仏様の住むこの寺をいつまでも美しく保存しておきたい、という意志から、誰に命じられることなく、また名声とも利欲とも関係なく、ただ純粋な気持ちで守ってきたにすぎないのだ。意志力とはそういうものなのである。したがって清廉に生きた曙覧にしろ、不服従の精神で生涯をつらぬいたソローにしろ、その根本にあったものは「かくあるべし」とする自信と意志力の賜《たまもの》と見るべきであろう。

高等遊民は半分捨てる

そしていま一つ。高等遊民の生き方をするときに大切なことは、世俗の欲望を半分捨てるということである。いまだ立身出世をしたいとか、財産を蓄えたいとか、名声を残したいとか、いっている人には、とうてい高等遊民などなれるものではない。

そのような人は本質的な幸福観とは別の次元で、相も変わらず俗事にもまれ、忙しい忙しいと心身を悩ませ、人間関係のわずらわしさに追いかけられるであろう。あるいはまた、いつも他人と比較した優劣意識を抱きながら、わが身を恨み、ときには自慢し、ときには不平不満をぐちり、みずからの心をますます卑しくしていくに違いない。

兼好もこういっているではないか。

名利《みょうり》に使はれて、閑《しず》かなる暇《いとま》なく、一生を苦しむるこそ、愚かなれ。財《たから》多ければ、身を守るにまどし。……利に惑ふは、すぐれて愚かなる人なり。（吉田兼好『徒然草』三十八段）

世俗的な名声や地位や財産とかに、身も心も使われて、心静かにゆっくりと生活を楽しむ余裕もなく、一生をあくせく暮らすなど、じつに愚かなことではないか。財産が多いと、それだけ泥棒や詐欺師に会いはしまいかと身を守るのに大変だ。……利欲のために迷うなど、もっとも愚かな人である、と。

では兼好は、どういう人が立派だといっているのか。

まことの人は、智もなく、徳もなく、功もなく、名もなし。誰か知り、誰か伝へん。こ

れ、徳を隠し、愚を守るにはあらず。本《もと》より、賢愚・得失の境にをらざればなり。（前掲書、同段）

つまり本物の〝まことの人〟というのは世間に対して、知恵や徳や功績や名声など誇ることなどしない。だから、世間の人は誰が本物の人であるかはわからないし、誰も伝えることなどできない。本当の立派な人というのは、そういったことを隠し、もともと利得とか名声とかには関係ないところにいて、ただおのれの心の充足を求めているにすぎない、というのである。

この文章は、万事架空の世とする仏教思想からきたものであるが、要するに兼好は、立派な人というのは、富や名声を得た人ではなく、世俗の利欲から離れて、無為自然の境地で生きた人だというのである。

だが、この境地は、仏道に入って悟りを開いた出家者の姿であり、われわれ俗人が真似してできることではない。〝まことの人〟の境地は次章で良寛を紹介するが、ここで私が求めているのは、あくまでも半分だけ世俗を捨てる高等遊民であり、そのための「利に惑ふは、すぐれて愚かなる人なり」という箴言《しんげん》である。だが、これすらなかなか脱しきれないのが今日のわれわれ俗人の姿であるのだが……。

必要なのは住む家と食う物と着る物

しかし、みずからを省みて、いまさらわれわれは物質的に何がほしいというのだろうか。家の中を見渡せば所狭しと数々の電化製品があふれ、衣服は洋服ダンスからあふれるほどある。たしかにそれらは身を飾り生活を便利にしてくれたが、それにともなって精神の豊かさは向上したであろうか。逆である。携帯電話の出現はなおいっそう人の自由を縛り、束の間の休息さえ奪い、コンピューターは管理社会と競争社会をますます激化させただけではなかったのか。しかもそれらの電化製品は故障しないとの保証があっての便利さであり、それで得た自由はその裏にもっと大きな不自由さをともなっていることを知っておくべきだろう。

さらにいうなら、われわれはこれらの製品を買うために、カネの足らないことに不満をつのらせ、その挙げ句、人間にとって本当は何が必要で、何が不必要であるかを、冷静に考え、選択する余裕すら奪っているのである。いわばわれわれはいつの間にか便利で機能的な商品を、惰性で追い求める〝消費者〟という人間になったにすぎなかったのである。

こうした生活に対して兼好の箴言がつづく。

思ふべし、人の身に止むことを得ずして営む所、第一に食ふ物、第二に着る物、第三に

居る所なり。人間の大事、この三つには過ぎず。（前掲書、百二十三段）

よくよく考えればたしかに人間が生きるうえで必要なものは、住む家と食う物と着る物があれば、それをもって「知足」というべきであろう。

だが、そうはいっても今日の生活をこの基準に合わせることは、もはや無理である。むろん私自身もいっさいの文明の利器を使うな、などといわれたら困る。ただ、せめて自分自身に、必要なものと不必要なものとを選別する目がないと、われわれはただ消費社会のシステムに乗せられ、奢侈《しゃし》におごり、その結果として、モノを大量投棄し、みずから環境汚染を拡大する〝罪人〟になっているのではないか、と反省するのみである。

ソローは「生活のレベルが少し下がっても、心の豊かさがもう一段だけ向上すれば失うものは何もない」と、シンプル・ライフを提唱し、曙覧はどんなに物がなくても、そんなものは人間の幸福とは関係ないことを歌で示してくれたではないか。

だが、この境地に達するのは、誰もができるというものではない。当然そこにはある程度自分自身の心を鍛え、精神の高さと時間的余裕がなければ味わえない知的贅沢だといってよい。それゆえに私は、せめてソローや曙覧の精神の高さを見習い、世俗の欲望の半分を捨てた高等遊民の生活を提唱するのである。

第三章　高等遊民の考え方と生き方

ホイジンガの〝三つの道〟

ところで、高等遊民の生活を送ったソローや曙覧の生き方を一言でいってしまえば、それは世俗の利欲を捨て、世間におもねらず、自由気ままな自分流の生き方ということであった。むろんそれは思想といったおおげさなものではなく、むしろ個人的な美学としての生き方であり、そこにこそ彼らの幸福観をふくめた人生観があったといえる。つまり彼らにとっては〝美しく生きる〟ことが幸福なことであり、善であり、正しいことであって、それこそが生きることの条件だったのである。

僭越《せんえつ》ないい方を許してもらえるならば、じつは私の高等遊民的な生き方も、この汚濁に満ちたせわしない俗事をなるべく避けて、個人的な〝美学を求める生活〟を少しでも持ちたいと願って出発したのであったといえる。なぜなら、自分の心に忠実であろうとする主体的生き方をしたいと思うならば、そこにはなんらかの自分なりの哲学や信条がなければ、それは単なる〝わがままな生き方〟と変わらないからだ。

では、美学を求める生活とはどのようなものか。

ここで思い出すのがオランダの思想家ヨハン・ホイジンガである。彼はその名著『中世の秋』の中で、「いつの時代であっても、美しい世界を求めるのは人の常であり、その方法には〝三つの道〟がある」（『中世の秋』堀越孝一訳）と述べて、その生き方をこう示した。

第一の道は、現世の外に通じる「俗世放棄の道」。つまり、この道を選ぶ者は、現実社会を汚濁に満ちた苦難の世界とみなし、美しい世界は彼岸（あの世）にいたることだとして、現世からの解放を説いた宗教的生き方である。すなわち神や仏にすがってこの世を捨て、来世に生きようとする宗教者の道である。本物の宗教家、隠棲《いんせい》者はこの道を行く。

第二の道は、それとは対照的に、この世界を現実のものと認めて「改良と完成をめざす道」である。いわば革命家や政治家はその主たる人々であるが、多くの良識的な人もできうるならばと、それを願いつつ生きている。孔子の説く儒教思想はこれに適応し、現実の中で秩序ある社会を築くための〝治世の術〟を説いている。だが、生まれる前からできあがっている既存の社会を改革するなど容易にできるわけもなく、時代とともに為政者は変わったが完成などほど遠い。多くの人は不満を抱きながらも、少しでもよくなることを信じ、進歩とか変革とかの名において競争しながらも、それに従属して生きている。

そして第三の道は、宗教家のような現世放棄の道もとらず、かといって苦渋に満ちた現実を肯定することもできず、その二つの道の中間にあって、「理想を求めることによって現実を中和させせよう」とする芸術家的生き方である。いわばユートピアを夢みて過酷な現実をうるおいのあるものにしようとの道で、この道こそソローや曙覧や白居易がめざしたものである。私の高等遊民もここに属し、思想的には孔子の儒教に対して老子の道教思想がこれにあたる。

第三の道を探し求めた漱石の『草枕』

じつはこの第三の道は、夏目漱石が『草枕』の主人公の画家にいわせた、漱石自身の生き方でもあったのだ。

山路を登りながら、こう考えた。智に働けば角が立つ。情に棹させば流される。意地を通せば窮屈だ。兎角に人の世は住みにくい。住みにくさが高じると、安い所へ引き越したくなる。

有名な『草枕』の冒頭の部分であるが、主人公の画家はいまだ三十歳という若さでありながら、世間のしがらみに嫌気がさし、陶淵明に憧《あこが》れて〝非人情〟の世界に遊ぼうと旅立つのだが、結局は現実から逃れられないことを知り、こう述べるのである。

越す事のならぬ世が住みにくければ、住みにくい所をどれほどか、寛容《くつろげ》て、束の間の命を、束の間でも住みよくせねばならぬ。ここに詩人という天職が出来て、ここに画家という使命が降《くだ》る。あらゆる芸術の士は人の世を長閑にし、人の心を豊かにするが故に尊い。

いわば『草枕』は、ホイジンガのいうところの「第三の道」を漱石が小説によって理論化したものといえる。だからこそ漱石は、『それから』『彼岸過迄』などで高学歴をもちながらも定職を持たずに暮らす高等遊民を描き、最終的には「則天去私」という哲学に行き着くのである。

こう書くとなんだか、この第三の道は一見やさしそうに見えるが、なまなかの意志ではできうるものではないと、ホイジンガがこう戒めている。

より美しい生活にあこがれて理想の夢を追い求めるという（第三の道の）姿勢は、現実生活にどのように働きかけるのだろうか。生活のかたちが、芸術のかたちに作り替えられるのである。（中略）生活そのものを、美をもって高め、社会そのものを、遊びとかたちで満たそうとするのである。だから、ここでは、個人の生活術が最高度に要求される。

（ホイジンガ『中世の秋』）

つまり第三の道を撰《えら》ぶ者は、現実と理想の中間の生活者となるので、ただのグータラでわがままな生き方とは違って、「美を高め」「最高度の生活術」が要求され、それゆえにおのずから独自の世界を創りだす美学が必要となる、というのである。

もちろん私自身は高邁《こうまい》なる芸術家をめざすものではないので、最高度の生活術など求められても無理だが、ただこうした第三の道を生きた人々の、その精神といったものをいささかでも吸収し、私にできる美的生活を高等遊民的生き方の心の支えにしようとしているにすぎないのだが……。

では、ホイジンガのいうところの「美を高め、最高度の生活術」とは具体的にはどのような人生をいうのか。

すでにソローや曙覧の生活からも知りえたことだが、いま一人〝究極の人〟として、まことの自由人、良寛を紹介しておきたい。というのも、この人の生き方には人間からすべての虚飾をはぎとった〝美学の原型〟といったものがあり、これぞ〝本物の人間〟として心ある日本人の敬愛を一身に集めている人だからである。

なぜ貧乏坊主の良寛は愛されるのか

良寛という人を思い浮かべるとき、私にはいつも不思議に思うことがある。それは良寛が歴史上、いや文学史上においても、これといった功績もなく、そればかりか世間で評価されるような地位も財産も権力も、何一つないにもかかわらず、誰からも愛され、人間として最高の境地にいる、ということである。

同じ僧侶《そうりよ》の身で有名人といえば、一休《いつきゆう》禅師や沢庵《たくあん》和尚の名が思い浮かぶが、ご存じのように一休禅師は後小松《ごこまつ》天皇の御落胤《らくいん》であり、大徳寺の復興に貢献したり、『狂雲集』という詩集を残している。また沢庵和尚は江戸初期の大徳寺の住職であり、三代将軍徳川家光のご意見番でもあった。著作も山のようにある。二人とも権力者となんらかのかかわりがあり、歴史的文学的にも功績も多い。それに対して良寛は、ありていにいえば、ただの貧乏坊主であり、一般的なイメージとしては、子供らと手まりして遊ぶ「良寛さん」の姿があるだけである。

ところが、日本人でこの良寛ほど愛されている人はいるだろうか。良寛の悪口を言う人はおそらく皆無といっていいだろう。なぜなのか。「あのやさしい性格が好きだ」「飄々《ひようひよう》としたところがいい」などと、人柄を挙げる人が多いが、そのような人柄なら他にもいたはずである。では良寛の何がそんなに素晴らしいのか。

考えた末、ハタと思いあたった。要するに良寛には何もないのである。いや、目に見えるような世俗的な価値がなかったというべきだろう。禅語でいうところの「生涯無一物」。色にたとえれば純白、清らかで、純粋で、天真爛漫《らんまん》で、正直で、素朴で……。
普通、人間は成長するにしたがって社会的適応能力という言葉で、人の世の汚濁に染まってしまうところを、良寛は修行の末、それらの色を全部洗い清め、なにものにも染まらず純白のまま生きたということである。ここがスゴイのだ。

いうなれば良寛は人間からすべての虚飾をはぎとった「人間の原型」の姿であり、「天真の人」であったからではなかろうか。純粋無垢《むく》な赤子が誰からも愛されるように、良寛もまたそれと同じだったのである。いわば良寛は、人間として生きるうえで何がもっとも真の姿にちかいのかを、身をもって提示してくれたといえる。

たとえばその対極として、シェークスピアが描いたところのハムレットと比較してみればよくわかる。ハムレットは生まれながらにしてデンマークの王子であり、地位も名誉も財産も権力もすべて所有していた。だが、内省的な性格が災いして結局は自殺する。そして後世、ハムレットは「苦悩する人間」の代表的人物となるのであるが、いっぽう世俗的にはなにもない良寛は「最高の人間」と賞賛されているのである。

これはなにを物語るのか。要するに、世俗で求められる地位・名誉・財産・権力などは人間の価値とはまったく関係なく、人間としてもっとも立派なことは世俗の虚飾を全部なくしたところにあることを教えているのではないのか……。

天真の人・良寛

良寛は越後の出雲崎で生まれた。宝暦八年（一七五八年）というから曙覧よりも約半世紀前の人になる。生家はその地で代々豪商を営む名主であった。長男だったので幼少から名主見習いとして育てられたが、人と是非を争うのを好まず、金勘定も不得手で、周囲からは〝昼行灯《ひるあんどん》〟と呼ばれるぐらいの人であったという。

親もそれを察して家業を弟に継がせ、良寛は仏門に入った。二十二歳のころ岡山県玉島の国仙和尚《こくせん》（岡山藩主の菩提寺・円通寺住職）と出会い、およそ十年間そこで修行した。本来なら国仙和尚の後継者となるべき人であったが、後継者争いの醜さにいやけがさして、諸国を行脚した後、四十歳前後に故郷に戻った。だが、生家には住まず、国上山の中腹に小庵をつくって生活した。これが俗にいう「五合庵」で、現在、その跡地が再建されている。

これが良寛の略歴だが、じつのところその詳細な生涯はわかっていない。良寛の詩歌や書は数多く残っているが、自伝的なものをいっさい残さなかったからだ。だいいち、いまでこそ良寛の名を知らぬ者はいないが、その名が全国的に知れ渡ったのは大正の初めころで、相《そう》馬《ま》御《ぎょ》風《ふう》が『大愚良寛』を出版してからのことだといわれている。

良寛と曙覧の出自は似ている。似ていないのは良寛が悟りを開いた出家者であったのにたいして、曙覧はただの歌詠みであったということだ。だが、その行き着いた境地はともに同じ世界にあったといってよいだろう。それを雄弁に語ってくれるのが、次の詩である。

生涯　身を立つるに懶《ものう》く
騰々《とうとう》　天真に任す
嚢中《のうちゅう》　三升の米
炉辺《ろへん》　一束《いっそく》の薪
誰か問はん　迷悟《めいご》の跡
何ぞ知らん　名利《みょうり》の塵
夜雨《やう》　草庵の裏《うち》
双脚《そうきゃく》　等閑《とうかん》に伸ばす

この詩は良寛の代表作とされるものだが、なんと悠々たる心持ちか。

良寛はいう。自分は立身だの出世だの、金儲けだの名声だの、そういうことに心をわずらわせるのが面倒で、すべて天のなすままに任せてきた。いまこの草庵《そうあん》の中には、托鉢《たくはつ》でもらってきた三升の米が頭陀袋《ずだぶくろ》のなかにあり、炉端《ろばた》には一束の薪《まき》がある。そういう貧しい生活であるが、これだけあれば充分である。迷いだの悟りだのということは知らん。ましてや名声だの利欲などは問題ではない。すでに夜となり外は雨が降っているが、私はこうして二本の脚をゆったりと伸ばして、満ち足りている、と。

良寛は、望めば高僧として名刹《めいさつ》に住めるところを、身を立てるに物憂いために、世俗の栄達などとは無縁に、すべてを天にまかせて後半生を雪深き草庵で暮らしたのだ。こうした暮らしがいかに大変なものかは想像するに難くないが、それでも良寛は「これ以上なにが必要なのか」と至福のときを歌うのである。

これは、飢餓難民を犠牲にしながら、その意識すらなく、まだ食べられる食料をゴミとして放棄し、冷暖房のきいた部屋でヌクヌクと生活しているわれわれには、とうてい味わうことのできない〝至福〟である。なぜなら、いちばんのご馳走《ちそう》は空腹のときというように、空腹であるがゆえの「三升の米」のありがたさ、寒さに震えるがゆえの「一束の薪」の幸せというものを、われわれはすでに忘れてしまっているからだ。つねに「ある」ことがあたりまえとなれば、「ない」ことの不満が先に立ち、愚痴をいい、世を怨《うら》み、「ある」ことの〝有り難さ〟などわからなくなる。もちろんそこには感謝の心さえない。

われわれはどんなにご馳走を出されても、いつもカロリー過剰の状態では、それを心底からうまいとは思えないし、ありあまる文明の利器のもとでは、もはやそれは宝でもなく、故障したときのみ文句をいう対象となっている。いうならば常に「ある」という状態が、不幸を呼ぶ原因をつくっているともいえるのである。

これはなにも食物や物質だけの豊かさをいっているのではない。マスコミのおびただしい情報の氾濫《はんらん》もおなじことで、人はあまりにも多くの情報をあたえられると、どれが本物かわからなくなるばかりか、やがては何事にも不感症となって、「考える力」「感じる能力」さえも失ってしまうからだ。逆に言えば、人は「ない」(不便さ)ことによって、はじめて「ある」ことの有り難さと、感謝の心を持つことができ、同時に不足したものに対処する智恵を生みだしてくれるのである。その意味で、この詩歌は豊かな社会の中でなにごとにも不感症になった現代人に「あること」の不幸を教えたものといえる。まさしく曙覧の歌と同じことをいっているのである。

動作閑雅あまりあるがごとし

もちろん良寛にしろ曙覧にしろ、たんに貧しい生活の中で漫然と暮らしたというだけなら、誰もその人に魅力を感じる者はいないだろう。彼らが素晴らしいのはその貧しさの中で貧を愉《たの》しむ心を持ち、その気高き精神を貫いて生きたからである。私はそれを尊ぶのである。

良寛の人柄を知るには、弟子の解良栄重《けらよししげ》が著した『良寛禅師奇話』がもっともそれを表し

ているが、それによれば、

良寛禅師は常に黙々として、動作閑雅あまりあるがごとし。心広ければ体ゆたかなりとは、このことならん。

とある。どうも良寛という人は、口数の少ない寡黙の人だったようだ。それでいながら、その動作、立ち居振る舞いはまことに気品があり、これは心が自由でなにごとにもとらわれるところがなかったからであろう、と解良は述べている。さらに、こうも記す。

師、余が家に信宿、日を重ぬ。上下おのずから和睦し、和気、家に充ち、帰り去るといえども、数日のうち、人おのずから和す。師と語ること一たびすれば、胸襟清き事を覚ゆ。師、さらに内外の経文を説き、禅を勧むるにもあらず、あるいは厨下（台所）につきて火を焚き、あるいは正堂（座敷）に座禅す。その話、詩文にわたらず、道義におよばず、優游として名状すべきなし。ただ道義の、人を化するのみ。

いかにも良寛という人の雰囲気が伝わってくる文章である。つまり、良寛という人は家に泊まっただけで、なんだかわからないがみんな和やかになり、帰られた後もその雰囲気が漂っていて、みんないい気分だった。べつに説教や詩歌を講釈するでもなく、ただ台所に入って手伝ったり、座敷で座禅を組んだり、ごく自然にふるまっているだけなのに、なんでもないそのふるまいに接しているだけで、胸の中が清らかになり、なんともいえないよい気分になってしまう、というのだ。

良寛は、僧でありながら経も読まず、道も説かず、ただ行住坐臥《ぎょうじゅうざが》をするだけの人だったというが、人はその雰囲気に接するだけで魅了されたのである。「至誠は神のごとし」という言葉があるが、良寛という人もまた至誠の人だったのだろう。

さらに、こんな詩もある。

行き行きて　田舎に投ず

正に是れ　桑楡《そうゆ》の時（夕暮れ時）

鳥雀　竹林に聚《あつま》り

啾々　相率ゐて飛ぶ

老農　鋤を擁して帰り

我れを見る　旧知の如し

婦を喚んで　濁酒を漉し
蔬を摘みて　以て之を供す
相対して　云《ここ》に更に酌む
談笑　一に何ぞ奇なる
陶然　共に一酔して
知らず　是と非と

あてどなく彷徨《さまよ》っていたら田舎にいた。夕暮れどきで、鳥たちもそれぞれのねぐらに帰っていく。一人の農民が鋤《すき》をかついで帰ってきた。自分を見つけて、旧知のごとく声をかけてくる。家に連れていかれて、そこの夫人に出させた青ものをつまみ、酒をどんどん飲んで、我を忘れて語り合う。とうとう二人とも前後不覚になって寝込んでしまった、と。

良寛は誰に対しても何も飾らない。いや、飾らないどころか身なりは清楚《せいそ》にしているが、その姿は貧乏であった。僧侶としては高僧に類する悟りを開いた人だが、彼はそんな素振りはつゆほどもみせず、ただ飄然《ひょうぜん》と農民と交わるのである。

良寛は素朴な農民が好きであった。圧政に耐えながらも、黙々と土とたわむれ、これが自分の仕事と「分」をわきまえ、不平不満もいわず、そうした日常で自足している農民を見るとき、良寛はそこに仏を見ていたのである。

良寛はお地蔵さんの化身か

良寛のこうした姿を見るとき、私は道端に立つ地蔵菩薩《ぼさつ》を思い出す。あの〝お地蔵さん〟の姿である。お釈迦様が語られたという『地蔵菩薩本願経』によれば、お釈迦様は自分が亡くなったあと、その救済仏として弥勒《みろく》菩薩が下生（登場）するまでの五十六億七千万年の間（これを無仏の時代という）、この地蔵菩薩にその役割を託されたのだという。

地蔵とは、大地の蔵という意味で、すなわち万物を生み出す大地の力、母なる自然の徳を具現化したものである。この仏は本来なら仏教界の最高の解脱者である「如来」の地位にあるべきところを、みずからこの世にとどまり、衆生の迷える人を救うために、吹きっさらしの道端に立って導いているのである。

普通、仏は、悟りのステージによって如来・菩薩・明王・天・羅漢の五種類に分類され、それぞれの役割をもっている。お地蔵さんがほかの仏と違うのは、他の仏がお寺の中に鎮座しているにもかかわらず、この仏だけは衆生済度のために町中に出て、一般の人に交わり、その悩みを救っている。その姿は頭を丸め、身に衲衣《のうえ》・袈裟《けさ》をまとった僧侶の形で、いわば一般の寺の〝お坊さん〟たちの見本となった仏様である。したがって一般のお寺のお坊さんたちは、この地蔵菩薩の教えを見習い、衆生済度の道を一途《いちず》に生きなければならないのだが、いまや法も知らず、道も説かず、現世利益を追求する単なる〝葬儀専門〟となり下がっているのではないか。

だが良寛は違った。前述したように彼は、名刹円通寺の後継者として高説をたれる身に安住できたところを、「僧は清貧を可とすべし」との精神で、そこを出て座禅弁道を求めた人であった。だからこそ「何ぞ知らん、名利の塵《ちり》」と喝破し、名を求めず、利欲を捨て、修行僧として諸国行脚をしたのだった。その後、故郷にもどり、「これからの人生で、自分に何ができるだろう」と問うたとき、それは必然として、お地蔵様の役割を自分に課したのではないかと、私は思うのである。

農民が好きだったという良寛は、もしかしたら具体的に何も生産することなく精神世界で遊ぶ自分を恥じていたのではないか。じつは、それを暗示するこんな詩があるのだ。

仙桂和尚は　真の道者
黙して言はず　朴にして容《かたちつく》らず
三十年　国仙の会《え》に在りて
参禅せず　読経せず

宗文の一句も道《い》はず
園菜を作つて大衆に供す
当時　我れ之を見て見ず
之れに遇ひて遇はず
呼呼　今之れに效《なら》はんとするも得《う》可からず
仙桂和尚は真の道者

この詩は良寛が諸国行脚から帰郷し、例の草庵で最初のころつくったものである。仙桂《せんけい》和尚というのは、良寛が玉島の円通寺でともに雲水修行した人である。

良寛はいう。自分は寝食を忘れて、真実の自己を明らかにしようと励んでいるとき、仙桂和尚は三十年間も国仙老師のもとにありながら、参禅もせず、読経もしないで、毎日、黙々と菜園づくりに精をだし、それを人々にあたえていた。当時、自分は仙桂和尚など眼もくれなかったが、いま振り返ってみると、彼こそは真の求道者《ぐどう》であったのだ、と。

良寛はいまにして思うのだ。仙桂和尚はひたすら自分の分を知り、自分の幸福より人々の幸福を優先させ、黙々と大地に向かって参禅していた。それにくらべ自分は、一日でもはやく仏の悟りに近づこうと修行したが、それは自己の利欲にかられた修行ではなかったのかと。

この詩には良寛の自責の声がこめられている。

仙桂和尚の日に焼けた黒い顔。したたり落ちる汗を拭《ぬぐ》おうともせず、ただ黙々と大地を耕している姿。この姿こそ農民の姿であり、世の中でもっとも貴い姿であることを良寛は知るのだ。良寛は精神世界に生きる者の非力さを感じ、それゆえにその後の人生を、大地に根付く草木やその上に生きるすべての生命を愛し、身を低くして、せめて彼らのなぐさめとなり、市井の中で慈悲を説く地蔵菩薩になったのではなかったのかと……。だからこそ良寛は、僧の形に身を包んでいるものの、経も読まず、道も説かず、まるで地蔵菩薩のようにただ飄然と存在したのである。

大愚は大賢に通ず

もちろん良寛自身は地蔵菩薩になろうとしてなったのではない。流れる雲のごとく無為自然に生きたその人生を、私が勝手にそう想像しているにすぎない。

思えば曙覧にしろ良寛にしろ、その根底に流れている精神は「至誠の心」であり、利欲を求めない「知足の心」があったということだ。良寛はそれを「天真に任す」といい、曙覧はもっと平たく「うそいうな、ものほしがるな」と教える。

人は心のどこかにこうした自制心がなければ、物が欲しい、金が欲しい、地位が欲しいと貪欲《どんよく》になり、あればあるでさらにその所有の大なるを求める。欲望にはかぎりがなく、権力ある者はさらに権力を、富貴あるものはさらなる富貴をと欲してやまない。だが、現実にかなう欲にはかぎりがあり、かぎりがあればそれを守るために争いを生じさせ、勝てば勝ったでいつ奪われるかと悩み、負ければ負けたで挫折《ざせつ》を味わう。どちらに転んでも悩みばかりだ。それゆえに仏教は、生者必滅のたとえをあげて、かぎりない欲望を地獄の入り口と諭すのである。

良寛も曙覧もそれらとは無縁の生活を送った。最低限の生活の中で、いまこのときの楽しみを求め、ただ無心に遊び、ただ無心に歌を詠む。はたから見れば、彼らの姿は「愚」であり、「痴」に映ったであろうが、二人は気にしない。その心持ちを良寛が詠む。

春陽　二月の初め
物色　やや新鮮
比の時　鉢盂《はつう》を持し
得々　市鄽《してん》に游ぶ
児童　たちまち我れを見
欣然　相将《ひき》ゐて来る

我れを要す　寺門の前
我れを携へて歩み遅々たり
盂を白石の上に放ち
嚢を緑樹の枝に掛け
此に百草を闘はし（草相撲をとり）
此に毬子（手毬）を打つ
我れ打てば　かれ且歌ひ
我れ歌へば　彼之を打つ
打ち去り　また打ち来つて
時刻の移るを知らず
行人　我れを顧て咲《わら》ひ
何に因つてか　其れ欺《かく》の如きと
頭を低れて伊《これ》に応へず
道《い》ひ得ても　也《また》何ぞ似ん
箇中の意を知らんと要《もと》むるも
元来　ただ這是《これ》のみ

これは良寛の傑作とされる「手毬《てまり》歌」の詩である。読むだけで心がなごむから不思議である。

ある春の日、良寛はいつものように五合庵を出て托鉢にまわった。めざとく子供たちが良寛を見つけ、喜びいさんで駆けてくる。よれよれの衣の袖《そで》をちぎれんばかりに引っぱって、近くの境内に急ぐ。良寛はニコニコしながら鉢を石の上に置き、頭陀袋を木の枝に掛ける。草相撲をとり、手毬に打ち興じて、すっかり托鉢のことなど忘れてしまうのだ。良寛は子供たちに対して遊んであげているという気持ちはない。子供たちと同じ心になって無心に遊ばせてもらっているのだ。

それを見た行人（通りかかった人）が、いつも良寛が子供たちと無邪気に遊ぶのを苦々しく思っていたのか、嘲笑《ちようしよう》しながら問うた。「あなたは年甲斐《がい》もなく一体どんな料簡《りようけん》で、たわいない遊びに呆《ほう》けているのか」と。

だが、そう問われても、遊ぶのに理屈などない。良寛は仕方なく、ただ頭をたれてニコニコしているだけである。理屈をつけたところで理解してもらえるわけでもなく、わかる者だけにわかる、といったものだ。あえて心中の奥を知ろうとすれば、ただこの通り、毬をつくのが好きだから、としかいいようがない、と詠むのである。

禅語に「返本還源《へんぽんげんげん》」という言葉がある。悟って悟って悟りつくすと、その人は生まれたままの赤子のような清浄無垢な境地に達するというものだが、良寛はそこにいる。だから子供と同じ心になって遊べるのだ。遊びに理屈などない。ただ楽しいから遊ぶのである。

ところが、われわれ大人はなまじ生半可な知識を得ているために、常識にとらわれ、いかなる行動にも理屈を求め、利害・損得・是非・善悪・賢愚・美醜・苦楽などの二元対立の価値観でしか物事を量れなくなっている。だがこれらはよくよく考えてみれば、善があるから悪があるように、あるいは「苦は楽の種、楽は苦の種」といわれるように、その元は同じものので、単に「心ひとつの置きどころ」によるものなのだが、どちらかに決めないと納得がいかない。そこで、先の詩に登場した行人のような質問をしてしまう。良寛のように「無心の境地」にはなれない。たまの日曜日に子供とキャッチボールをやっても、「お父さん、本気でやってよ」と心の中を見透かされてしまうのも、遊んであげているという気持ちがどこかにあるからである。

だが良寛は、何のてらいもなく、ただ無心に遊ぶ。世間の人がそれをどう見ていようとかまわない。好きだからやる、ただそれだけである。世間の常識ぶった人から見れば外見は「愚」に映ったであろうが、良寛は何も飾らず、何も気にしない。良寛は号を「大愚」と称したが、その実態は「大愚は大賢に通ず」といわれるように「大賢」であったのである。

人間としての〝最高の芸術品〟

それにしても、この天真爛漫さはどこからくるのだろう。仏門でどのような修行をやったのかは知るよしもないが、おそらくその背後には想像を絶する苦闘があったと思われる。表向きには大愚を装って無縫さをみせているが、じつは『良寛歌集』をひもとけば、

心こそ心まどはす心なれ
　心の駒の手綱ゆるすな

憂きことのなほこの上に積もれかし
　世を捨てし身にためしてやみむ

何故に家を出でしと折りふしは
　心に愧《は》ぢよ墨染めの袖

といった歌も見られるように、心の内では自戒を込めた葛藤を重ねていたのである。

良寛は曹洞禅《そうとう》を学んだ人なので道元禅師の『正法眼蔵』を座右の書としていたが、とくにその中の「愛語」(慈悲の言葉)を重んじ、言葉こそは魂の発露として、その使い方にはことのほか厳しかったようだ。みずからも『戒語』と題して戒めの言葉を残している。

これは晩年になって四十歳ほど年下の貞心尼という女性が現れ、良寛が七十四歳で死ぬまで交情をつづけるが、その彼女が残したものである。九十ヶ条からなるその言葉を読むと、あの天真爛漫さの中で無頓着《むとんちやく》のように思える裏に、いかに良寛が人に対して細やかな心配りをしていたかをうかがい知ることができる。人を慈しむ心を忘れたわれわれには耳の痛いことばかりであるが、自戒の意味を込めて記しておく。

言葉の多き、口のはやさ、あわただしくものいふ、ものいひのくどき、さしで口、おれがかうした、かうした、ひとの物いひきらぬうちに物いふ、わがことを強ひて言ひきかさんとする、人の話の邪魔をする、鼻であしらふ、酒に酔ひて理をいふ、おのが意地をいひ通す、あやまち飾る、ひきごと多し、好んで唐言葉を使ふ、田舎者の江戸言葉、学者くさき話、風雅くさき話、悟りくさき話、たやすく約束する、人に物くれぬ先に何々やらう、くれて後そのことを人に語る、返らぬことをくどくど口説く、推し量りのことを夜来になしてゐる、己が氏素性の高きを人に語る、をかしくなきことを笑ふ、子供をたらしすかしてなぐさむ、憎き心をもて人を叱る……。

要するに良寛は、身を飾り立てたり、相手を不愉快にさせる言葉遣いは、徳なき者として嫌ったのである。至誠の心を第一とする良寛にとっては、したり顔で話したり、そうした態度を示すこと自体が、彼の美意識に反するものであったからだ。それにしても「美を高め」「最高度の生活術」を持つということがいかに大変で、いかに厳しいものであることか。逆にいえば、こうした戒めと行いがあったからこそ、誰からも愛される良寛が誕生したということであろう。

うらを見せ　表を見せて　散るもみぢ

良寛はこの句を残して息を引き取るのだが、これこそ天命のなすがままに、何も飾らず、何も求めず、すべてを正直にさらけ出して生きた良寛の帰結の言葉だったのである。

兼好は「まことの人」の境地を「賢愚得失の境にをらざればなり」といっていたが、良寛の生涯はまさにそれであり、これこそホイジンガが第三の道で求めた「最高度の美学」だったといえる。別言するなら、最高度の美学とは生涯無一物、すなわち身を飾り立てることではなく、むしろそれらのすべてを捨てたところにあることを教えている。私はここに無為自然の境地で生きた良寛に、人間としての〝最高の芸術品〟の姿を見るのである。

儒教的生き方と老荘的生き方

ところで、こうした曙覧や良寛の姿を追ってくると、その根底に流れる生き方が老荘的思想だったことに気づく。なぜなら無為自然の生き方こそは老荘が唱えた最高の徳であったからだ。

古来、中国では二千年以上にわたって、孔子・孟子《もうし》を祖とする儒教（孔孟思想）と老子と荘子を祖とする道教思想（老荘思想）が、あい交じりながら人々に生きる智恵《ちえ》を授けてきた。むろんかつての日本人も、この二つの思想に大きな影響を受けた。

儒教と道教の違いをおおまかにいえば、儒教が「人の倫《みち》」の規範として「仁・義・礼・智・信」を掲げて、人間社会の秩序を築こうとする「為政の思想」であるのに対して、老荘思想は煩雑な規則から逃れて、人生をいかに愉しむかという「癒《いや》しの思想」を説いたものといえる。とはいえ、この二つの思想は単独にあるものではなく、対立しているように見えながらも、たがいにおぎない、人の心の表裏のように作用しあっている哲学でもあるのだ。

人がこの世で生きるということは、悲観と楽観がつねに交錯し、この二つの観じ方をいかにうまく調整するかにかかっているともいえるのだが、概して儒教は悲観的にものを見るために〝謹厳的〟になり、老荘は楽観的にものを見るために〝癒し〟となるのである。それゆえに儒教の徒は前向きに「がんばらなければ」と思い、老荘の徒は「あるがままなすがまま」と気楽に構える。

これは、ホイジンガのところで触れたように、儒教の目的が堕落に満ちたこの世を改良しようとする「修己治人」（身を修めて人を治める）を唱え、その徳をもって秩序ある社会の実現をめざす第二の道であったのに対して、老荘思想は苦渋にみちた現実を中和させる第三の道を選び、無為自然、つまりいっさいの人為を排して世俗の価値観を超越し、自然のままに生きるのが人の道だと考えたからだ。格式張った建前の道徳に縛られて、「あれするな、これするな」と身を縮めた生活よりも、もっと自由にゆったりと生きようじゃないか、というものである。

楷書の孔子と草書の老子

その外見的な違いを昭和の思想家・安岡正篤《やすおかまさひろ》が、『老荘思想』（明徳出版社）の中で医者になぞらえて、おもしろい分類をしている。

［孔子型］

見るからに真面目な医者である。容貌《ようぼう》から服装まですべて整っており、患者に対しても礼儀正しい。口数は少ないが、注意は簡潔でいきとどいている。どんな患者でも信頼と敬意を感じさせる謹厳実直さがある。

［老子型］

風采《ふうさい》はあがらないが、見るからに柔和で気品がある。患者を子供のようにやさしくあつかい、あらたまった態度を見せることはないが、時としてまじめな顔で意表をつくことをいう。医者でありながらあまり診たがらず、それ以上に何だか型にはめきれない超人たるところがある。

さらにその違いをハッキリさせるなら、孔子の『論語』と老子の『老子』に出てくる言葉を比較してみるとよい。

［孔子］

・義を見て為さざるは勇なきなり

・朝に道を聞かば夕べに死すとも可なり

・過ちて改めざる、是れを過ちと謂う
・難きを先にし獲るを後にす
・剛毅木訥、仁に近し
［老子］
・敢えて主とならず客となる
・少なければ則ち得、多ければ則ち惑う
・知る者は言わず言う者は知らず
・柔弱は剛強に勝つ
・大器は晩成す

どちらも処世訓としては正しいことをいっているのだが、孔子のほうは正攻法で厳格な感じがただよい、老子のほうは逆説的なひねったいい方をしている。字形でたとえるなら孔子は楷書《かいしょ》であり老子は草書である。したがって、孔子の「義を見て……」は、それが人間として当然であるにしても、そこには父親の厳格さがあり、老子の「敢えて主とならず……」は、出しゃばらずにいつも控え目でいろと、人とは争わないことが大事だと諭す母親の慈愛がある。まるで逆であるが、いずれも真実なのである。これは前述したように儒教が社会秩序の確立のために不正をただす気概を教えるのに対して、老子はもっと大きな心で「無心」(自我を捨てること)を唱える。無心であれば悪も善もなく、勇など振るう必要もないからである。

老子の説く三宝の教えとは

では、老荘はどのような哲学を教えていたのか。

これが一筋縄でいかないところが老荘的といわざるを得ないが、極論するなら、「万物の根源である〝道《タオ》〟に従い自我を捨てよ」ということである。すなわち、天(大自然)から見れば、人間のなせる業など小賢《こざか》しいものなので、「俺が俺が」と人為を尽くそうと思わず、欲望を捨てて、まごころで生きろということである。

いかにこの世で地位、名誉、財産などを懸命に得たところで、それが社会のためにどれほど役に立っているというのか、自分を満足させているだけだろう。それを得るために争ったり、傷つけ合ったり、憎み合ったりと、心をわずらわせてストレスを溜《た》めるだけではないのか、そんなものに執着するのは愚かなことだよ、と説くのである。

ならば、どういう状態がいいのかというと、赤子のように無心に、水のように柔軟に、空気のように無為に、つねに心を穏やかにして、争いごとを避け、みずからを誇らず、名利に惑わされず、謙譲の美徳をもって春風駘蕩《たいとう》のごとく生きろと。すなわち、我利《がり》我利《がり》亡者《もうじゃ》の私欲を捨て去り、無心になれば、自然の懐に抱かれたときの、あの安らぎを得ることができる、と老子はいうのだ。無為、無心、無欲、謙譲、柔軟、素朴が老荘思想のキーワードである。

たとえば『老子』に「我れに三宝あり」として身を処すための三つの教えがある。「慈」と「倹」と「譲」(先に立たぬ)という徳だ。「慈」とは、人をいつくしむ心のことで、仏教でいうところの慈悲、すなわち万物を包容するこころの広さをいう。「倹」とは、知足のことで自分の状況に応じてつつましやかにしていられる心のゆとり、「譲」とは、おれがおれがと名利など求めず、常に一歩下がっている穏やかな心のことである。

現代風に言い換えるなら、「思いやる心」「慎ましやかな心」「控え目な心」ということになる。人を踏みつけにする利己意識や、何でも一番といった傍若無人な考え方、あるいは猪突猛進的な一生懸命といった態度は、道を忘れることになるので誉めたことではないというのだ。いわれてみれば、たしかに今日の破滅的状況はこの三宝に反するようなことばかりやってきた結果のように思えるではないか。

水のような無為自然の生き方

そして老子が最善の生き方として説いているのが、俗に「水の教え」といわれるもので、上善《じょうぜん》は水の若し。水は善《よ》く万物を利して争わず、衆人の悪《にく》む所に処《お》る。

という言葉である。上善とは老子のいう理想的な生き方のことで、そうありたいのなら水のあり方に学べという。

すなわち、水は丸い器に入れれば丸くなり、四角い器に入れれば四角になる。万物に恩恵をあたえながら、少しも自慢することなく、つねに低い所へ位置する。そのあり方や、きわめて柔軟で謙虚だ。それでいて硬い岩でもうち砕く力を秘めている。一見、主体性がないように見えるが、その実つねに低いところへ流れようと強固な主体性を秘め、何も為《な》してないように見えながら万物に恩恵をあたえている。時には水蒸気となり氷となって、その姿は臨機応変、自由自在。人間もかくありたいものだと老子は説く。この生き方を無為自然というのである。それはまさに良寛や曙覧の生き方だったといえる。

私の敬愛する司馬遼太郎氏は欲望社会の現代を憂えて、「美しき停滞」という言葉をのこして去っていったが、その真意は、発展の美名のもとに小賢しい人智をふりまわして、国土も精神も滅茶苦茶にしてしまった現代人へ、少しは老荘的発想のもとに「控え目に生きろ」という反省をうながしたものではなかったのか、と解釈している。つまり、人間は他の生物と同じように地球上に住まわせてもらっている立場であるにもかかわらず、それを忘れ、あたかも主人のごとく振る舞った驕《おご》りが、地球を、国土を、日本人をダメにしたのだと……。

考えてみれば、これまでのわれわれの人生は、より速く、より強く、より大きくなることばかりが求められてきたが、それがどのような社会を造ってきたかは、いまさらいうまでもないだろう。であるなら、これからの時代はゆったりと、急がず焦らず、より柔軟に、より控え目に生きること。これこそ地球にやさしい生き方であり、いま求められるべき生き方ではないのかと、私は思うのである。

高等遊民は儒教と老荘の中庸にあり

とはいえ、あえて付記しておくが、いかに老荘思想が現実超越の思想だからといって、それを曲解し、世の中、どっちに転んでもなるようにしかならない、などと厭世《えんせい》的にとられても困る。それでは前章でソローを紹介した意味がなくなってしまう。なぜならソローは、半隠遁《いんとん》(森の生活)はしたが、市民運動のシンボルとなったように社会の改良をめざし、儒教的に生きた人だったからだ。

本格的な隠遁者になるのなら別だが、われわれが現実社会に生きている以上は、その一員として社会秩序を守るのは義務であり、儒教的精神を重んじなければ人の「信」をえることはできない。とくに前途のある若い世代においては儒教こそ学ぶべきものであり、老荘を良しとするのは社会的なことを一応すませたあとの、五十路《いそじ》を過ぎたあたりからがいいだろう。それは書道の草書が楷書、行書を経たあとはじめて書けるのと同じ理由である。

いかに社会に嫌気がさしたところで、厭世的になったり、隠遁したところで、それは単なる現実からの逃避であり、かえって無規範な社会を肯定するだけのことになってしまうからだ。

では、私はどのような生き方を良しとしているのか。心ある読者ならすでにおわかりであろうが、一言でいえば儒教思想をベースに老荘的に生きるということである。さらにいえばそれは儒教と道教の考え方を折衷し、現実生活と理想生活を中和させたすべてにほどほどの生活、つまり世俗から一歩離れ、忙しくもなく、かといって暇をもてあますでもなく、精神の充実を第一とする生き方である。

儒教と道教を折衷した考え方とはどういうことか。これについては、いみじくも戦国武将の伊達政宗《だてまさむね》が遺訓として残した、次の文章が見事に語っているのでそれを掲げておこう。

仁に過ぎれば弱くなる。義に過ぎれば固くなる。礼に過ぎれば諂いとなる。智に過ぎれば嘘をつく。信に過ぎれば損をする。気ながく心穏やかにして（中略）、この世に客に来たと思えば何の苦もなし。朝夕の食事は、うまからずとも誉めて食うべし。元来、客の身なれば好き嫌いは申されまい……。

先に触れた『草枕』の冒頭の句は、これを模したものだとされているが、政宗は孔子のいうところの「仁義礼智信」の徳目を主体に置きながらも、人の生き方の極意はその中庸にあるとこころえ、老子のいう「この世に客に来た」者として「天命」に従うことを良しとしたのである。これこそ白居易のいう「中庸の精神」であり、漱石が最後にたどりついた「則天去私」も同じ意味なのである。

中庸の意味するところは、なかなか深淵なものなので簡潔に述べることは容易ではないが、あえていえば「適切妥当」、いま風にいえば「T・P・O」をわきまえて「ほどほど」に生きるということである。急がずあわてず、一生懸命になるよりも肩の力を抜いて、ゆったりと、必要なときにだけ頑張ればいいのである。その原則が老子のいうところの「水の教え」というわけで、これこそ高等遊民の最高の生き方といえる。

燕雀いずくんぞ鴻鵠の志を知らんや

こうした老荘的な発想を知ったとき、それまで突っ張ってきた私にはなにか肩の荷が下りたような爽快感《そうかい》をあたえてくれた。ここが老荘の癒しの思想といわれるゆえんだが、これを理解していると、たとえば、「燕雀《えんじゃく》いずくんぞ鴻鵠《こうこく》の志を知らんや」という有名な故事においても別の解釈が成り立つのである。

鴻鵠とは大海原《うなばら》をひとっ飛びするような大きな鳥のことで、そのような大鳥の志は地上で虫をついばんでいる小さなスズメやツバメなどにはわかろうはずもない、というのが本来の意味である。司馬遷《しばせん》の『史記』にあるもので、秦朝末の陳勝《ちんしょう》の残した言葉とされている。

陳勝は若いころ人に雇われた小作人であった。あるとき、仲間の者に向かって嘆息しながらこういった。

「いまはこんな身分ではあるが、俺はいずれ出世して一国一城の主になってみせる。だが、そのときでもみんなのことは忘れない」

それを聞いた雇用主が、

「お前は雇われの身でありながら、どうして一国一城の主なぞになれるのだ」

と、笑っていった。そこで陳勝が、

「お前さんのような燕雀には鴻鵠の志などわからんだろうな」

といったことから、この言葉が生まれた。

高き理想をかかげて突き進む若者たちを、昔から鼓舞してきた言葉である。私も学生のころこの故事が好きで、いまだ杳《よう》として未来のつかめない自分に向かって、何度この言葉をつぶやいて励まされたことか……。

だが、四十路《よそじ》を過ぎたころであったろうか。それなりの立場も得、経済的にも恵まれた生活を送っていたのだが、私はそれまで駆け足で突っ走ってきた疲労からか、前述したように半月ばかり入院したことがあった。そのベッドの上で、ふと、この故事を思い出し「しばしまてよ」との疑問がわいたのであった。

たしかに鴻鵠からすれば燕雀は小さな鳥にすぎない。大海原をひとっ飛びする能力もない。だが、この両者はもともと住む世界が違い、持って生まれた能力も性質も異なっている。それをくらべて、燕雀を劣っていると見るのは鴻鵠の傲慢《ごうまん》さではないのか。もしこれを燕雀の立場から見れば、

「鴻鵠も大変だなぁ、あんなに大きな体に生まれたばっかりに、われわれのように地上でのんびりと遊ぶこともできず、毎日毎日、大きな餌《えさ》を求めてご苦労なことだ」

と、同情されているかも知れないのである。

この解釈の違いこそ、儒教思想で考えるか、老荘思想で考えるかの違いである。もちろん鴻鵠は立身栄達を望む儒教的志向であり、燕雀はあたえられた現状の中でいかに人生を楽しむかの老荘的発想である。もともと住む世界が違う者を、どちらが高等でどちらが正しい生

き方か、などと比較するほうがおかしいのである。鴻鵠には鴻鵠の世界があり、燕雀には燕雀の世界がある。要はそれぞれに似合った生き方をすることが正しいのではないかと。

『イソップ寓話集』から教えられたもの

この発想は、そのまま人間世界にもいえることで、人もまたそれぞれ性格や才能によって、それに見合った生き方があることを教えてくれたのである。

いかに燕雀が鴻鵠になろうとしても、それは無理というもので、逆に鴻鵠も燕雀にはなれない。となれば、自分の才能なり性格を冷静に判断して、自分の身の丈にあった人生を送ることが幸福に通じる道であり、これこそ足ることを知った「分相応の人生観」というものであろう。

分相応などといえば、ともすれば人間の努力や向上心を放棄した考え方にとられがちだが、それは違う。老子が「自らを知る者は明」というように、分相応であるためにはその前に客観的な自分の適性を認識することが肝要となる。裏を返せば、分相応とは「おのれ自身を知る」ということである。

古代ギリシャの神託とされているデルポイの神殿には「汝《なんじ》自身を知れ！」との言葉が掲げてあるらしいが、周知のようにこの命題はソクラテス哲学の原点であり、人が生きる上での根源的なテーマといっても過言ではない。それだけ難しい問題なのである。

古来、人間が、この問題でいかに苦労してきたかは、二千数百年も前に書かれた古代ギリシャの『イソップ寓話《ぐうわ》集』が、洋の東西を問わず、いまだに愛読されているという事実がそれを証明しているではないか。なぜならイソップ寓話集というのは、子供たちが最初に人の世とはどういうものかを知る手掛かりとして、普遍的な〝人生の知恵〟を教えてくれるものだからである。

私も子供のころ、このイソップが好きで何度も読んだ思い出があるが、それが伝えていた物語の本意は、動物たちの愚かしさにたとえて「おのれ自身を知れ」ということだった。つまり分相応を知らなかった者が、どのような悲劇に見舞われたかを説いていたのである。

たとえば、牛の大きさをまねて腹をパンクさせたカエルの話。鷲《わし》のまねをして羊を襲ったカラスが、逆に羊の毛にからまってつかまる話。龍の姿にあこがれたキツネが、龍とおなじ長さになろうと身を伸ばして裂けてしまう話。自分の声のきたなさを恨んだトンビが馬の鳴き声にほれて、まねしているうちに自分の声を忘れてしまった話。キリギリスの美しい声は〝露〟を食べているからだと知ったロバが、それをまねているうちに空腹で死んでしまった話……。

いずれの話も、そこにあるのはおのれを知らざる愚か者の悲劇だった。要するに、イソップは「分」をわきまえ、それに応じた生き方こそ〝賢者の知恵〟であるとの教訓を残したのであった。太陽が中天にあった三十代ならまだしも、だいたい四十五歳をすぎれば自分の人生の行く末もわかってくる。となれば中高年のわれわれにとって、この「分相応の生き方」こそ高等遊民の生き方と思うべきであろう。

「分相応」の生き方

では、われわれにとって分相応の生き方とはどのようなものなのか。

たとえば諺《ことわざ》に「蟹《かに》は甲羅に似せて穴を掘る」「鳥は翼に従って家をつくる」などといったものがあるが、これこそ分相応の極致を表現したものである。

いうまでもなく動物の基本的な本能は種をたやさないという「種族保存」である。だからこそ創造主は生殖作用において快楽をあたえ、生きとし生けるものすべてにその環境に適応する適性をもたらせたのだ。その一つが安住の住み処《か》となる「巣」であり、その巣はそれぞれ千差万別にできていて、見事なまでに自然の摂理にかなっているのである。

ところが人間は、この摂理をなかなか会得できないでいる。われわれは戦後民主主義のもとで〝横並び〟の悪しき平等主義に慣らされているためか、他人がなしうる幸福は自分もなしうるものだと、みずからの才能や性格、あるいは努力でとったものをかえりみず、自分勝手な願望を抱く場合が多い。同僚が部長に昇進すれば、「なぜアイツが」と嫉妬《しっと》し、となりが新車を買えば必要もないのに外車で対抗する。あきらかにリーダーたる資格もないのにそれを求め、カネもないのにローンを組んで、結局は自分で自分のクビをしめている。

人の顔がそれぞれ違うように〝横並び〟の平等などあるわけもないのに、相も変わらず相対的価値観だけしか持てないでいる。だから、これが高じると「人の不幸は蜜《みつ》の味」とばかりに優越意識の差別感をむきだしにして、他人の不幸を喜び、悪口だけが楽しみというさもしい人間となるのである。平等の本当の意味は、みんなが同じ靴を一足ずつ揃えるのではなく、自分の足に合った靴を揃えることである。同様に、人間の生き方の平等意識も他人と〝同じもの〟ではなく、自分に〝合ったもの〟でなければならないのは自明の理である。

よく会社内では、「彼は課長のときは活《い》き活きと活躍していたのに、部長に昇進したらまったくダメになった」などといわれる人がいる。あるいはまた名選手がかならずしも名監督になるとはかぎらないように、人にはそれぞれに合った器というものがある。それをはき違えて、分不相応な器を求めたために失敗した例は先のイソップが教えてくれた通りである。晩節を汚す人、野望を抱きすぎたばかりに歴史の露と消えた人々も、要はおのれの器量を見誤ったからである。だからこそ、おのれを知っている動物たちは知恵を発揮して、もっとも自分に適した分相応の営みをしているのである。

ならば、その適性はどこで見極めるのか。あるいは自分を知るにはどうすればよいのか。極論すれば、それは自分のこれまでの体験から学ぶしかないだろう。なぜなら、現在あるいまの姿は過去の自分がつくり出したものである以上、過去の人生の分岐点となった場面場面を考えれば、おのずと答えは見つかるはずだからである。

自分が文化系か理科系かなどは、大学進学のときにすでに選択したであろうし、就職試験の時もそれなりの適性分析をおこなったはずである。見栄や外聞だけで進学・就職した人でも、そこに適性がなければすでに辞めているだろうし、我慢できるのはまだ適性があるからであり、どうしてもダメな場合はより好きな仕事の道を撰んでいるはずである。つまり、現在の自分の姿は過去の無数の経験の集積の上にあり、その中には才能も性格も、好きも嫌いもすべて含まれているのである。その意味では経験を活かすことのできない人は、けして自分を知ることなどできないのである。

曙覧が仕官を断った理由

たとえば前述の橘曙覧の場合である。彼は五十四歳のとき、その才能と人望に惚《ほ》れ込んだ松平春嶽（福井藩主）から仕官の要請をうけた。藩主の要請はいわば命令にひとしいものであったが、曙覧はそれを断った。もちろん家臣ともなれば生活は安定するし、地位も名声もあがったことだろう。だが彼は宮仕えするよりも、清貧の中で自分に忠実に生きられる自由な身分のほうを撰んだのである。そのときの心境をこう詠んでいる。

花めきてしばし見ゆるもすずな園
　田盧《たぶせ》の庵に咲けばなりけり

いかにも花めいて美しく見えるすずな園かも知れませんが、それは草深い田舎の畑に咲いているからで、城中にあがれば花とは見られません、との意味である。これに対する春嶽の返事もあるので、ついでに記しておくと、

すずな園田ぶせの庵にさく花を
　しひてはをらじさもあらばあれ

さすがは春嶽である。曙覧の崇高なる精神が保たれるのは世俗を離れているからこそと理解し、その固辞を怒ることもなく、「強いては折らじ」と断念したのである。
要するに曙覧は、いかに黄金を積まれたとしても、自分が宮仕えにふさわしくないことを

知っており、自分を活かす場所は市井の中の歌詠みとして自由に生きることが分相応と思っていたのである。すずな草もレンゲ草も野畑にあってこそ、その美しさを発揮するのである。

「得か、損か」より「好きか、嫌いか」

とはいえ、たしかに「分」をわきまえることは容易なことではない。これはある程度の人生経験を踏まえて初めて理解できるもので、そこには自分の器量を知る客観的な能力と、自分の生き方に対する確固たる信念がなければならない。なぜなら、われわれは昇進や他社からのスカウトを受けたときなど、自分の能力を買われたと有頂天になり、より出世できるとか、より給料がいいとかの甘言だけを考慮してしまうが、逆にそのことにより思わぬところで足を掬《すく》われ、人によってはそのポストに潰《つぶ》されてしまうこともあるからだ。

では、この決め手となるものは何か。いろいろ考えられるが、ここは老子が「少なければ則ち得」といったように原理原則で考えるべきである。つまり「どっちが得か」といった頭(理性)で判断するよりも、「好きか、嫌いか」の性格(心)で見極めるべきである。甘言的な情報に惑わされてはいけない。

理性で判断すると損得がさきにたって条件のいいほうに誘惑されるが、好きか嫌いかの判断は、性格によるものであり、前にも述べたように「性格こそは人生を決定する」第一の条件だからである。

　このようなことをいうと、訳知り顔の人生論者たちは、性格は訓練によって変えることができるなどというが、それは表面的なことで、人間の根本的な性格（気質）は「三つ子の魂百まで」といわれるように変わるものではない。

　その証拠に積極的な人は、最初からそのような訓練などする必要はないし、消極的だった人が積極的になったとしても、それはその人にそういう因子があったからにすぎない。企業セミナーなどでいくら鍛えても、消極的で人に会うのが嫌いな人に営業をさせてうまくいくわけがないし、体を動かすのが好きな人に、一日中机に向かっている経理マンの仕事をしろといっても、一時は務まるにしても長期的には無理だからである。

　私は長年、企業セミナーの講師を務めているが、その経験からいって性格を変えるよりも「好きなこと」をさせるほうがよほど上達する。なぜなら、好きならば、人が傍目《はため》から見て苦労だと思えることも苦労ではなく、やがては工夫をほどこし、いかなる試練にも耐えうるからである。曙覧が精神の自由を求めて仕官の道を断ったのも、持って生まれた性格がそれを選ばせたのであり、その生き方が「好き」だったからである。となれば、分相応に生きるということは、正しい自己認識に基づいた「好きな生き方」を選ぶということでもあるのだ。

好き嫌いで人生は歩めるのか

だが、これに対しては多くの人が「好き嫌いで人生を歩めるのか」と反問してくるだろう。たしかに時においては我慢することも大事である。だが、好きな目的のためならば、それは我慢も我慢ではなくなるのである。

だいいち、そう反問する人だって、実際のところは他と比較して〝より好きだから〟自分に似合ったほうの道を選んでいるのである。そうでなければ人間はかつての私のようにストレスが溜《た》まって病気になるか、人生を捨てるか、いずれかしかなくなるだろう。

ただ、そういう人にいえることは、いまだに人生を世間体や経済的な価値観で量っているために、「好き」という概念すらはっきり自覚していないからだともいえる。どういうことか。たとえば恋人同士の会話で、「なぜ、私が好きなの？」と聞かれて、「お前がきれいだから」とか「やさしいから」などと答えるようでは、その恋愛感情はまだホンモノではない。俗謡に「好きになったら命もいらぬ」というのがあるが、好きというのは魂からほとばしる本音であり、そこでは理性的判断の理屈など通用しないのである。きれいとか優しいとかは魅力の一つではあるが、それは好きになるための条件であり、条件である以上は打算がある。だから、そう聞かれた場合は「理屈などない。好きだから好きなんだ」と、魂の叫びとして答えるのがホンモノなのである。

これは自分の生き方を考える場合にもいえることで、理性的判断というのは要は世間的な見栄体裁を考えての「どっちが得か」といった相対的なものであり、別言するなら「この人は条件がいいから、結婚しなさい」とすすめられた見合い結婚のようなものである。条件のよさに釣られて結婚した者の多くが幸せになれないのは、魂の結びつきが弱いからである。

それに対して、お金とか学歴とかに関係なく心と心とが結びついた恋愛結婚の場合は、たとえ貧乏してもそれはそれで楽しいように、イザとなったときでも逃げることなく持続できる。これは互いの魂が利害損得を超えた絶対的な境地にいるので、他と比較することも邪魔されることもないからである。

良寛が手毬に興じていたとき、「なぜ?」と聞かれて、「好きだから好きなんだ」と詠っていたのも、曙覧やソローが貧困のなかで「たのしみ」を発見できたのも、その生き方が「好きだ」という、他とくらべるもののない絶対的価値観を見いだしていたからといえる。同様に、好きなことを仕事としている芸術家や職人たちが、たとえ貧しくとも活き活きとした顔をしているのもそのためである。いわば彼らは、自分の魂に忠実な生き方をしているから何も気にならないのである。それゆえに多くの人生書は、「一度限りの人生ならば、好きに生きろ」と教えるのである。これは人生の鉄則といってよい。

好いた事をして暮らすべし

こうした話で驚いた発見があった。「好き嫌い」の感情とはまったく正反対の生き方を説いたと思われている、あの『葉隠』（佐賀鍋島藩士・山本常朝《やまもとつねとも》口述）である。この本は一般的には「武士道とは死ぬこととみつけたり」の冒頭の一節をもって、死の美学、武士の厳格なる行動様式を書いたものと思われているが、それはいささか違う。その本質は、死を自覚することによって生を高からしめる高揚たる「死生観」であり、武士としてどう生きるかを語った処世訓なのである。

その中に次のような一節が登場しているのだ。

> 人間の一生誠にわずかなり。好いた事をして暮らすべし。夢の間の世の中、すかぬ事ばかりして苦を見て暮らすは愚かなことなり。この事は、悪《あ》しく聞いては害になることゆえ、若き衆などへ終《つい》に語らぬ奥の手なり。我は寝ることが好きなり。いま境界相応に、いよいよ禁足して、寝て暮らすべしと思うなり。

人間の一生なんてほんとうに短いものだ。だから、好きなことをして暮らすのがよい。つかの間ともいえるこの世において、いやなことばかりして苦労するなんて愚かなことだ。だが、このことは、悪く解釈すると害になるので、若い人たちにはついに教えることのなかった人生の秘伝といったものだ。私は寝ることが好きだ。（もはや隠居の身とあっては）現在の境遇に応じて、家にとじこもり、寝て暮らそうと思っている、と常朝はいうのである。

武士道は、儒教道徳を基にして、「義」を中心に置いた精神の形式美を謳歌《おうか》したもので、その多くは権威主義の〝建て前論〟を説いているが、この『葉隠』はその一方で〝本音〟として「好きなことをして暮らせ」といっていたのである。しかも、これは人生の秘伝であり曲解されると困るので若いやつらには教えなかったと、わざわざ付け加えているところがいいではないか。たしかにまだ人間ができていない若い人に、好きなことをして暮らせなどといえば、それを身勝手と誤解し、努力や勤勉を放り出して堕落してしまうからだ。

したがって、私がすすめる高等遊民も、こうした信条を持っていないと、単なる手前勝手な理屈をつけた生き方になってしまうのである。

そこで改めて、私の高等遊民の生き方を整理しておくと、その目的は個人的な快楽と美学を求めるものであり、その思想は儒教思想を根底に置くものの世俗を超越した老荘思想を主流とし、その生活信条は足ることを知った分相応の生き方、すなわち平たくいうなら自分に忠実に「好きなこと」をして暮らすということである。

第四章　高等遊民の老後の楽しみ方

自分の時間を取り戻せる場所を持て

こうした思いで歩み始めた私の高等遊民の生活であるが、前述したようにその準備は「隠れ家」を持つことから始まったといってよい。その理由の第一は「自分の時間を取り戻せる場所の確保」ということであった。誰もが感じているように、今日の日常があまりにも〝多忙〟すぎて、自分自身を見失っていたからである。

たとえていえば、その日常は、まるで漕ぐのを止めてしまえば倒れる自転車操業をしているようなものだった。自分が本当は何をやりたいのか、自分が目指す人生とは何であるかすら考える余裕もなく、ただただ「忙しい、忙しい」と多忙に追われ、結局はなにひとつ成就させてはくれない日々だったのだ。とくにサラリーマン時代の私はそうであった。

もちろん、この多忙は単に生活のためにあくせく働く肉体的なことだけではなく、心配ごとや不安といった「心の多忙」を含めてのことである。これらから解放されないかぎり、精神的にはなにひとつ充足感など得られないのだ。

だから、そうならないためにも、中高年になったら「多忙」から、みずからを解放し、それらのストレスを浄化する意味でも「自分を取り戻せる場所」として、私は「隠れ家」を持ったのであった。

とはいえ、ここで注意しておかねばならないことは、とかく〝小人閑居して不善を為《な》す〟といわれるように、意志の弱い人は「隠れ家」を持つと、そこが秘密の場所であるだけに、享楽的な場所として使いたがるようになる。これは何も官能的なものだけではなく、たとえばギャンブルとか、友人たちとの〝溜《た》まり場〟など、遊興の場にしてしまうことだ。これでは逆効果である。だいいちこんなことでは奥さんが許してくれないだろう。

そこで私は自律心を養う意味もあって、みずからの弱い心を戒めるために、「隠れ家」を持った初日に、三つの禁止事項を「掟《おきて》」として貼り紙にした。

一、ギャンブルの禁止
一、女人の出入り禁止
一、酒の持ち込み禁止

ギャンブルも女性も若い頃の苦い経験から出たものであるが、まずはこれらを厳守した。同時にこの貼り紙があることで友人たちにも守らせるためである。

「隠れ家」は心をリフレッシュする癒しの場

では、「隠れ家」で何をしたのか。

これは先に触れたことだが、私の場合は自己研鑽《けんさん》を高めるための「修養の場」として独学をしたのだが、むろんこれは強制するつもりはない。利用の仕方はおのおの自分で考えればいいのである。何もせずにボケーッとしたい人はそうすればよいし、趣味の時間を持ったり、映画の鑑賞をするのも結構である。ともかく疲れた心をリフレッシュさせてくれる「癒《いや》しの場」として使えばいいのである。

もっとも大切なことは、この「隠れ家」はわずらわしい現実社会から逃避して、会社人間としても父親としても、一時的にも忘れ去る場を創りあげるということだった。

この世俗を脱するときに肝心なのは情報の遮断ということである。私自身は「隠れ家」にいるときはテレビも新聞もいっさい見なかった。この二つは世俗の権化であり、心をわずらわせる源泉だからである。政治家とかマスコミ関係者とか相場師とか、社会の動向に即座に反応を示さなければならない職業の人ならそれも必要だろうが、普通の人にとって緊急に必要なニュースなどほとんどない。むしろそれらは自分の心をわずらわせることのほうが多いのである。

よく世間では、「新聞を読まないと社会に置いていかれる」と訳知り顔でいう人がいるが、では毎日新聞を読んでいる人が世間をよく知っているか、といえばけっしてそんなことはない。単に習慣がそうさせているにすぎないのだ。

問題は、社会に対する問題意識であり、その読み方である。それには一週間ぐらいまとめて読むほうが、よほど世間の流れというものがわかるというものだ。これをやると、いかに新聞がいいかげんなものを書いているかもわかる。「隠れ家」はもともと世俗を脱するために持つのであるから、その場所でなければできないことをやるのがよい。

とはいっても、最初から気張って何かをやることはない。自由な時間が持てたとなると、即座に「何か」をしなければならないと思う人は、貧乏人根性であり、「何もしない」というのも立派なストレス解消策なのである。

私も当初のころは、なぜか知らぬが「隠れ家」に入るとすぐに眠くなり、寝るために借りたのではないかと思ったことがあった。よほどストレスが溜まっていたのだろう。

私の友人に中小企業の社長がいるが、彼は寝るためだけそこを利用している。あるいはまた、そこで鉄道模型をつくり、部屋いっぱいにレールを敷いて遊んでいる友人もいるし、骨《こっ》董《とう》趣味にはまって棚に陳列して眺めている者もいる。現実社会が生産の場であるとするなら、「隠れ家」は何もしない非生産の場であってもいいのである。老荘思想でいえばこちらのほうが正しい使い道かも知れない。

趣味は人生の幅を広くする

私が「隠れ家」を持ってよかったことは、人生を高めるための独学ができたことだが、それ以上に同時に同好の士を集めて「勉強会」が持てたことが大きい。具体的なことは後で詳述するが、あえていうならそこで、来たるべき〝老後〟を楽しむための、日常を忘れて熱中できる趣味や知的好奇心を拡げることをおすすめする。

もちろん、その趣味は囲碁、将棋、盆栽、骨董、陶芸、俳句、川柳、手品、絵画などの一般的なことでもいいが、できうるなら気のおけない仲間とともに楽しむ趣味のほうがよい。老後でもっとも淋しいことは、友達がいないことだからだ。

そして、やる以上は中途半端ではなくセミプロ級になるまで追求すること。なぜなら、上達すると一目置かれる存在となり、かならずその人のまわりに仲間たちが集まってきて、より深いお付き合いが生まれるからである。

逆に趣味を単なる暇つぶしぐらいに考えて努力や進歩がないと、表向きの付き合いだけはしてもらえるが、やがては仲間達からも疎んじられるのがオチである。それは努力しない人の話が面白くないからだ。

最近つくづく思うのは、たとえ役員や社長などになった人でも、人間的に面白味のない男たちが多くなったということだ。学歴や地位がいかに立派でも、長年の人生で培った仕事以外の趣味や教養というものがないと、リタイアしたあとでも仕事の自慢話ばかりで、感心して聞くような話はまったくない。

彼らの話はいつも決まっていて、まずは過去の自分の手柄話、ついで病気と健康維持の話、ゴルフ、食い物、子供自慢に孫自慢といったものだ。「俺の会社時代は」とか、「俺の手術のときは」とか、「息子がニューヨークにいてね」とか、「うちの孫は○○で一番になった」などと自慢されても、関係ない人にとっては欠伸《あくび》が出るほど退屈なものである。ましてや「××のステーキは最高だった」「焼酎は○○が最高だな」などと、さも通ぶって語られるほど気色悪いものはない。

たまには面白かった本の話や映画の話をしたらどうだと思うのだが、こういう人に限って本も読まなきゃ映画などまったく観ていない。これでは若者たちの雑談の延長線上であり、まったく大人になりきっていないのである。かつて〝仕事人間〟といわれた人ほどこの傾向が強い。

こうした人たちに対して、趣味を深めた人の話は違う。彼らはそれらを磨くことで世俗の欲望を超越しているので、自分の自慢話などしない。たとえ自慢話をしたとしても、そこには上達するための苦労話や創意工夫があり、聞く方も思わず膝《ひざ》を乗り出す。ましてや一芸に秀でるようになると、物事の道理がわかるようになるので、思考を体系化する力がつき、なにを話しても蘊蓄《うんちく》のある話になる。聞く方としてはいつも新しい発見があるので、当然のことながら友人も集まってくるというものだ。

定年後に趣味を生かした友人たち

ところで、趣味の話で思いついたが、この趣味を生かして定年後を優雅に過ごしている二人の友人を紹介する。

一人はあの九〇年代の不況で早期退職を余儀なくされたMさん（六十二歳）の話だ。彼は技術者であったが当時五十二歳。まだ老け込むには早すぎると老後の人生を見据えて行動を起こした。もともと趣味だったカメラを生かし、自然写真をコンピューター・グラフィックでアレンジした作品をつくり出したのだ。習作だといって持ってきてくれた作品を見たとき私は驚いた。絵画とも写真とも違う新しい絵だった。ブルートーンで統一された夜の砂漠と月の作品だったが、そこには彼自身の独特の世界があった。もちろん最初から売れたわけではなかったが、退職金で高度な機材を入れたことが創作のエネルギーとなったのか、習作に習作を重ね、知り合いの喫茶店で個展を開いたことがそのきっかけとなり、だんだんと売れるようになった。

もう一人は私が先輩諸氏の中で、こういう老後は素晴らしいなと感心しているKさん（六十九歳）。彼は定年退職のとき、会社が推薦してくれた子会社への就職も辞退し、若い頃から趣味としていた書道を、いっそう上達したいがために本格的な道を選んだ。

すでに通信教育で師範の免状を持っていたようだが、それには飽きたらず名のある先生に五年間通った。そしてある程度納得いく字が書けたとき、自宅を開放して「書道塾」を開いたのだ。Kさんの偉いところは書道だけでなく絵心もあったことから、書道を絵文字に仕立て〝現代風〟にアレンジしているところだ。

「書道は奥が深いので先生と呼ばれるのは面映《おもは》ゆいが、たまたま絵が好きだったので、それと書を組み合わせて、デザイン的な書道を教えているだけです。本格的な書道では他の先生にかないませんから」

とKさんは謙遜《けんそん》しているが、もはやその文字は芸術的なもので、なかなか味のある字である。週に一度、老若男女に囲まれ、その仲間達との語らいを楽しんでいる。年老いて地位や金銭に関係なく親しまれ、若い人たちから「先生、先生」と呼ばれる人生は極上の老後といえるのではないか。

誰にでもできるということではないが、この二人に共通していることは、もともと若き頃の趣味を向上させ好きなことに挑戦したということである。しかもそれらの作品はこれまで見たような写真や書道ではなく、現代にマッチした新しいオリジナル作品を生みだしているということ。もし、そうしたものがなかったら普通の趣味として暇つぶしにはなったろうが、多くの仲間といくばくかの収入は得られなかったであろう。

老後でもっとも大切なことは健康で、なにがしかの仕事があるということ。仲間がいるということ。そしてもっといいことはいくばくかのお金が稼げるということだ。趣味と実益が一致し仲間達に囲まれた生活ほど充実したものはないであろう。

映画鑑賞は最高の暇つぶし

高等遊民的な定年退職後の生き方でいうなら、こんな例はどうだ。

私の古くからの友人であるTさん（六十五歳）は、建築会社のサラリーマンだったが、そこを五年前に退職した。もともと彼は「俺の人生の教師は映画だ」というほどの映画好きで、若い頃から溜め込んだ映画ビデオは二千本を超えている。一人住まいのマンションで、邦画・洋画を問わず年間二百本の映画を観ているという。

しかも「映画鑑賞ノート」をつけているほどの本格派なので、テレビに出てくる映画評論家よりも、オールド映画に関しては彼のほうが詳しいだろう。いまでは地元の有志でつくっている映画鑑賞会の会長の職にあるばかりか、タウン誌に「名画案内」の原稿まで書いているほどだ。とはいえ映画鑑賞だけで食べていけるわけではないので、時々、むかし取った杵柄《きねづか》の指物師の腕を買われアルバイトをして食べている。

私も映画好きのほうなので、彼と会うと昭和三、四十年代にかけての懐かしの映画を、時の経つのを忘れて語り合うことが多い。かつて共有した時代の名残を語り合えるというのも、熟年世代の楽しみというものである。それを懐古趣味とバカにする人もいるが、過去を語らずしてどうして現在が語れよう。現在が過去の織りなした遺産とするなら、いかに楽しい思い出をたくさんもっているかが、その人の人生の幅というものである。

この「映画談笑会」は最初二人だけのものであったが、最近は六人になった。なぜ六人かというと、私の「隠れ家」のダイニングルームの椅子が六人しか座れないということもあるが、これ以上の人数だと話が散漫になって面白くないからだ。いや、全員がかなりの映画通であるため、話について来られないから会に入りたくても入れないのである。

時代劇・懐かしの洋画ベストテン

そんなある日、この六人で「戦後時代劇ベストテン」を選出したことがある。平均六十歳の熟年が選んだだけにいまの若い人にはなじみが薄いだろうが、それは次のようなものになった。

①七人の侍（黒澤明監督・三船敏郎主演）
②十三人の刺客（工藤栄一監督・片岡千恵蔵主演）
③幕末太陽伝（川島雄三監督・フランキー堺主演）
④切腹（小林正樹監督・仲代達矢主演）
⑤宮本武蔵・五部作（内田吐夢監督・中村錦之助主演）
⑥座頭市物語（三隅研次監督・勝新太郎主演）
⑦上意討ち・拝領妻始末（小林正樹監督・三船敏郎主演）
⑧薄桜記（森一生監督・市川雷蔵主演）
⑨血槍富士（内田吐夢監督・片岡千恵蔵主演）
⑩沓掛時次郎・遊侠一匹（加藤泰監督・中村錦之助主演）

とてもとてもこの十本でおさまるものではないが、挙げれば切りがないので割愛する。また、それぞれの品評もあげたいところだが、これもまた述べると長くなるので省略する。往年の時代劇ファンなら多くが納得いくであろう。まだ観ていない人はそれこそ老後の楽しみにすればよい。

　では洋画は観ないのかとお叱りを受けそうだが、むろんそんなことはない。私もTさんも五百円で売り出している〝懐かしの洋画ＤＶＤ〟は全巻揃えているし、名作といわれるものはほとんど観ている。ついでだから、六人が選んだ「懐かしの洋画ベストテン」も挙げておこう。これは順不同と思っていただきたい。

①素晴らしき哉、人生（フランク・キャプラ監督・ジェームズ・スチュワート主演）
②十二人の怒れる男（シドニー・ルメット監督・ヘンリー・フォンダ主演）
③アラビアのロレンス（デヴィッド・リーン監督・ピーター・オトゥール主演）
④２００１年宇宙の旅（スタンリー・キューブリック監督・キア・デュリア主演）
⑤自転車泥棒（ヴィットリオ・デ・シーカ監督・ランベルト・マジョラーニ主演）
⑥ベン・ハー（ウィリアム・ワイラー監督・チャールトン・ヘストン主演）
⑦アメリカン・グラフィティ（ジョージ・ルーカス監督・リチャード・ドレイファス主演）
⑧スミス都へ行く（フランク・キャプラ監督・ジェームズ・スチュワート主演）
⑨ゾラの生涯（ウィリアム・ディターレ監督・ポール・ムニ主演）
⑩紳士協定（エリア・カザン監督・グレゴリー・ペック主演）

このときでも軽く百本以上の選出された名作の中から撰《えら》ぶものだから、六人の意見はケンケンゴウゴウ。映画や流行歌は自分の観たときの思いの丈が込められているので、それぞれの好みが違ってくるものなのだ。別にたくさんの感動した映画を観ているからといって一円の得があるわけでもないのだが、人生の幅を広げるという意味では、これにまさるものはない。こうした趣味の話題で心おきなく友だちと蘊蓄を傾ける時ほど至福の時はない、と私は思っている。こうした無上の楽しみが出来たのも、私の「隠れ家」にワイド画面のテレビがあり、そこでみんなが持参したたくさんの名画を鑑賞できたからである。

仲間たちとの「勉強会」を開く

さて、先の同好の士との「勉強会」の話であるが、これとて趣味や教養の範疇《はんちゅう》なので特別に講師を招いて行うといった専門的なものではない。現在、この勉強会は五つぐらいに拡がっているが、もともとは私が趣味で日本史を勉強していたことから自然発生的に始まったものである。私は学生時代から古代史に興味を持っていたので、地方へ行くときにはあらかじめ余分な時間をつくっておき、遺跡巡りはもちろんのこと、古墳や神社仏閣を訪れるのを愉《たの》しみにしていた。これを知った同好の日本史ファンが、いつしか一人、二人と集まってきて、日本史全般の謎に挑戦する「日本史探偵団」なるものが発足した。

この「勉強会」の始まりは二十年以上前の「隠れ家」を持つ以前のことであったので、その頃は居酒屋でやっていたが、「隠れ家」を持ってからは定期的に集合するようになったのである。

最初に研究対象としたのは民族学でいうところの「古社伝承学」ともいうものだ。いわゆる日本全国にある一千社の古社（「延喜式」の神名帳に登録されている神社）の由緒を探り、そこから大和朝廷がどのようにして成立したかを実証的に調べようとするものであった。

そこでまず「古代史研究会」なるものができたのだが、誰もが古代史に興味を持っているわけではないので、他のメンバーたちも勝手に「戦国時代研究会」「江戸時代研究会」「幕末維新研究会」「明治近代研究会」といったものをつくり、またたくまに歴史物の研究会だけで五部門に拡がってしまった。同時に私は、外房に移ってからは「武士道」を軸とした日本思想史の研究もしていたので、「日本思想史研究会」や「中国古典研究会」などもできた。

当初は素人集団にすぎなかった勉強会であるが、十年以上も続けていると、なんらかの成果がでるもので、「日本史探偵団」のころに当時のペンネームである「神一行《じんいっこう》」の名前で『ミステリー日本史』（ワニ文庫）という本を三冊出版し、部会に移行してからも『消された大王ニギハヤヒの謎』『崇《す》神《じん》天皇とヤマトタケル』（いずれも学研文庫）『人物相関日本史・幕末維新編』（コアラブックス）などの単行本が生まれている。そして、こうした土壌をもとにして、私自身は現代人がなくしてしまった日本人の伝統的精神として『いま、なぜ「武士道」か』（致知出版社）を出したことから、物書き専業となったのである。

現在、この勉強会は互選された部会長が引っ張っているが、私のほうは日本思想史を軸とした「人間形成」の塾を新たにつくり、開催する場所名を冠して「〇〇岬塾」として全国十カ所で開いている。若い人を中心にしているのは、これからの日本をしっかりとした哲学を持って築いてほしいからだ。したがって、その塾はほとんどタダである。私は強制されることも、することも嫌いなので、これらは参加自由であり、いつ解散してもいいようにしているのだ。塾をビジネスにしてしまうと拘束されて高等遊民の思想に反するからである。

こうした勉強会をつくって私がもっとも嬉しかったのは、仲間たちが「これで俺たちは老後になっても、ヒマをもてあますことなく優雅に遊べる」といってくれたことだ。なぜなら、われわれは歴史散策だけでも時間が足りないぐらいだが、そのうえに「人間形成」や「町おこし」などが関連してくると、生涯勉強ということになり、そうなるといささかなりとも世のため人のためといった公の精神が養われてくる。とても孤独な老人などになってはいられないのである。

知的好奇心は楽しみの培養土

とはいえ、勉強会といっても実態は体のいい〝飲み会〟のようなもので、目下、いちばん盛況なのは「歴史雑学会」である。これは五年前に発足したものだが、分科会があまりにも専門的になりすぎ、それと同時におもしろさが半減してきたために、これまた自然発生的に誕生したものといえる。

二ヶ月に一度おこなっている「日本史探偵団」の総会の席上、誰かが「真田十勇士《さなだじゅうゆうし》をいえるか」ということになり、「戦国時代研究会」の一人がそれに答えると、「では、清水次郎長《しみずのじろちょう》の二十八人衆はどうだ」ということになり、だれもが答えられなかったことに端を発した。

私も次郎長が山岡鉄舟《やまおかてっしゅう》や勝海舟《かつかいしゅう》と懇意で、彼の名前を高らしめたのが養子に入った元平藩士天田五郎《あまだごろう》（愚庵《ぐあん》）の書いた『東海遊侠伝』であることぐらいは知っていたが、二十八人衆全部となると、答えることができなかった。

そこで「これはおもしろい」ということになり、次回の総会からは自分が調べてきた難問・珍問を出し合い、いつしか「歴史雑学会」がはじまったのである。

この会の出題のルールは誰もが知っている歴史事項から、より詳しい知識を披露するというものである。たとえば、次のような難問・珍問である。

「赤穂浪士四十七名の全員の名前は？」

「小倉百人一首の全員の名前は？」

「黒田節のモデルになった武士の名前は？」

「幕末の志士でいちばん強かったのは誰か？」

「寛永三馬術の三人の名前は？」

「ジャガタラおはるの本名は？」

「キンピラ・ゴボウの語源は？」


まったくどうでもいいような雑学であるが、解答者がこれらを諳《そら》んじて、四十七士や百人一首の名前がずらりとよどみなく披露されると、それはまさに拍手喝采《かっさい》の感動ものとなる。もちろんこれらの中には史実というより講談や浪曲からの知識もあり、「そんなバカな」と首をかしげる解答もあるが、解説として時代背景や人間関係なども加えられるので興味はいっそう深くなる。

雑学が作る豊かな時間

先の「幕末の志士……」の問題では、最終的に坂本龍馬《さかもとりょうま》と桂小五郎《かつらこごろう》ということに落ちついたが、これを調べるにあたっては可能なかぎりの資料文献を網羅してくるので、幕末維新のスターたちがペリー来航時にどこで何をしていたかまで登場し、京都で敵味方となる近藤勇《こんどういさみ》と桂小五郎と龍馬が江戸では友達だった、という意外な事実までわかった。またついでに幕末の剣豪ベストテンも披露された（順不同）。

①島田虎之助《しまだとらのすけ》（直心影流《じきしんかげりゅう》）
②千葉周作《ちばしゅうさく》（北辰一刀流《ほくしんいっとうりゅう》）
③斉藤弥九郎《さいとうやくろう》（神道無念流《しんどうむねんりゅう》）
④男谷精一郎《おだにせいいちろう》（直心影流）
⑤桃井春蔵《もものいしゅんぞう》（鏡新明智流《きょうしんめいちりゅう》）
⑥近藤勇（天然理心流《てんねんりしんりゅう》）
⑦坂本龍馬（北辰一刀流）
⑧桂小五郎（神道無念流）
⑨榊原鍵吉《さかきばらけんきち》（直心影流）
⑩山岡鉄舟（無刀流《むとうりゅう》）

このように関連事項が連想ゲーム的に出てくるので、一つの出題で定例の二時間はアッという間に過ぎてしまう。今日、入手できる「忠臣蔵」関連の本が百五十八冊あることもここで知ったし、キンピラ・ゴボウの語源が坂田金時《さかたのきんとき》の息子に坂田金平《きんぴら》なる人物がいて江戸浄瑠《じょうる》璃《り》からでたことも、この会で初めて教えられた。もちろん、これは創作上の人物であるが。

あるいはまた、春の総会で井の頭公園での花見のあと、桜の話が出て、「日本三大サクラの名所は？」「ソメイヨシノの生みの親は？」といった序の口の問題から、「ポトマック河畔にサクラの植樹を願ったアメリカ人は？」の話では感動すら覚えた。

詳細は省くが、あの桜を日本から贈ったのは、明治四十五年、ときの東京市長だった尾崎《おざき》行雄《ゆきお》であった。その理由は「日露戦争においてアメリカがその仲介役をやってくれて、助かったから」というものである。だが、その裏にはエリザ・シドモアという一人のアメリカ人女性の献身的な努力があった、というのである。これは小説になるほどの日米親善の秘話であった。ソメイヨシノが幕末に江戸の染井村の植木職人がエドヒガンとオオシマザクラを掛け合わせた新種だったことも、ここで初めて知った。

この会の楽しさは、専門部会と違ってそれぞれが興味ある雑学を披露し、それによって知的好奇心がますます触発されるところにある。いずれにしても、桜ひとつの話で延々と三時間もの時を忘れ、話し合える仲間がいるだけでも、われわれは世俗を脱した高等遊民を満喫しているのである。桜といえばカラオケ大会の花見か、どうでもいいような近況報告をしあい、憂さ晴らしの酒を飲むことぐらいしか能のなかった昔にくらべれば、こうした愉悦の一時を持てるだけでも「勉強会」の効用は十分にあるといえるだろう。老後の楽しみは愉快な仲間たちをどれほどもっているかにかかっているともいえるのだ。

感動する心は一生の宝

いまの私は、こうした仲間たちとの〝語らいの場〟こそ、もっとも愉快で大切なものだと考えている。なぜなら、雑学会での話題ひとつにしても、そこには彼ら独自の勉学があり、彼らと話すことは思想書では得られない、新たなる発見に満ち満ちているからである。

つねに損得とか利害とか、成功とか失敗とかを気にしている功利的な人（かつての私自身の姿だが）から見れば、われわれの「歴史雑学会」で出る話は、現実にはまったく役に立たないものである。単に〝物知り〟の類の、自分たちの知的好奇心だけを満足させてくれるものにほかならない。

だが、「聖人は成敗利潤を問わず」という言葉もあるように、功利的なものとはまったく無縁なものごとで楽しめる、ということを知り得ただけでも、以前の私からすれば驚異的な変化であったのだ。これは多忙から抜け出して時間的な余裕を持てた賜《たまもの》でもある。

人はこの世に生きる以上、誰しも何らかの喜びに満ちた人生を歩みたいとおもっている。喜びとは、簡単にいえばいかに胸のときめきを覚えるかということであるが、それが多いか少ないかは、その人の教養の問題であり、感受性の問題にかかっている。

前章で私は「人格」を磨くために教養を身につけることを述べたが、じつはその教養の発酵体となっているのが知的好奇心であり、その素直な表れが感動だとするなら、それこそは人生を愉しむための最高の宝なのではないか、と思うのである。
たとえば、北原白秋《きたはらはくしゅう》に「薔薇《ばら》二曲」という詩がある。その一を記す。

薔薇ノ木ニ
薔薇ノ花サク。

ナニゴトノ不思議ナケレド。

たった三行の詩であるが、これこそ感受性の喜びを問うたものである。不思議だな、なぜだろう、と思う心が知的好奇心であり、「あら、素敵」と直感で思うのが感動の心である。
それを、薔薇の木に薔薇の花が咲くのはあたり前ではないか、なにが不思議なのだ、と思うような人には、知的好奇心も感動の心もないからである。何事につけても「別に」とか「関係ないよ」といっている人は、日常の多忙さのために心の余裕をなくし、私欲だけしか関心がないからで、私にいわせればこういう人は生きる上でもっとも大切なものをなくした人であり、淋《さび》しい人であり、可哀想な人ともいえる。

それは学問に向かう姿勢についても同じことがいえる。たとえば、子供から「なぜ勉強をしなければならないのか」と問われて、はっきりとその意味を答えられる親が何人いるだろうか。おそらく多くの親は、相も変わらず、「勉強をすれば、いい大学へ行けて、いい会社に勤められて、いい暮らしができるから」と、いまだ高度成長時代の幻想を教えているのではなかろうか。これは親自身が学問の本質を忘れ、教養の意味がわかっていないからである。

この答えは「勉強するのは感動する心を磨くため」である。私は「感動する心」という人生を愉しむ魔法を、独学と仲間たちとの語らいから、やっと実感として持つことができたのである。極論するなら、人生の生きる価値はここにあるといってもよい。

ゲーテはこの「感動する心」を「生きる証」と表現しているが、たしかに感動する心を失ってしまえば喜怒哀楽はなくなり、味気ない人生となって、生きているとはいえなくなる。だが、教養を身につけ、感受性が養われれば、今日一日の新聞を見ただけでも、社会は無数の劇場をあたえてくれるのである。だが、多くの人はかつての私のように、それに気づかず無感動で退屈な日々を過ごすだけである。世間の大人たちから気の利いた話題が少なくなったのもこのためである。

そしていま、結果として思うことは、高等遊民として生きることの本当の意義は、ソローや曙覧が、なんでもない日常の中に楽しみを発見したように、この感受性を養うことにつきるといってよい。なぜなら、その培養土となる知的好奇心と感動の心さえあれば、金や名誉や地位に関係なく、人生を恒久的に愉しむことができ、この心こそ文化を生み出してきた根源的な力でもあるのだから……。

人生はこれからだ

わが身の浅学を顧みずいろいろと勝手なことを述べてきたが、私がいいたいのは、たった一度の人生なのだから、いかに自分流の人生を創造しうるか、そのための高等遊民である。それを一言でいうなら、あの厳格な武士道精神をもって生き抜いた、『葉隠』の山本常朝が人生の秘策として言い放った言葉、すなわち「好きな事をして暮らすべし」ということに帰結する。世間体とか常識とかにとらわれて、身を縮こまらせて生きて、なんの人生ぞ、ということだ。

セネカもいったように、六十歳の定年を待ってから、好きなことをしようなどとは、時すでに遅し！　である。もはや五十路《いそじ》を過ぎれば、誰にはばかることなく世間の常識やしがらみから脱却し、自分の求める世界へ歩みだしてもいいのではないか。いつまでも「会社のため」とか「家族のため」とか、そんな方便で自分をごまかし、一生重い荷物を背負わされたままで死を迎えるなど、まっぴらゴメンである。死は後ろから迫っているのだ。

私は人間五十路を過ぎれば、社会的責任は終わったと見ている。そう思えないのは、いまだ世俗の利欲に惑わされて、出世志向を人生の幸福と勘違いしている人で、じつはその人だって会社ではとっくの昔に〝老害〟の烙印《らくいん》を押されているのに気がつかないだけではないのか。

中高年になって、もっともみっともないのは、老境に達した自分を認めたくないがために、サムエル・ウルマンの『青春の詩』などを掲げ、「青春とは心の持ちようをいう」などとカラ元気を出して、若者たちに嫌われたくないために媚《こ》びたものの言い方をし、愛嬌《あいきょう》をふりまいているオジサンたちである。

兼好だって、「四十も過ぎたというのに、誰はばかることなく、好色話を口にし、悦に入っている人間は、何とも見苦しいものだ。だいたい老人が若者にまじって、無理してみんなを面白がらせようとしゃべること自体があさましいことだ」（『徒然草』百十三段）といっているじゃないか。

四十五歳が第二の人生の分岐点

もし新たなる第二の人生を歩み始めるとしたら、むしろ四十五歳頃が分岐点だと考えた方がいいだろう。周囲を見渡してみればわかるが、大体において四十五歳を過ぎても会社にいる場合は、出世願望やその仕事に生き甲斐《がい》がある人なら別だが、その多くは惰性で働いている。私も経営者の端くれであったからわかるが、仕事に対する好奇心や気力がなくなった人は会社にとってもマイナスであるし、当人にとっても〝飼い殺し〟の状態となる。それゆえに新たなる仕事や自分の好きなことをやるには、体力も気力もまだ充実している四十五歳から五十歳ぐらいの間に始めなければ遅いのである。

子供の進路に一応の目安がつき、会社での仕事もそれなりにやったとの思いがあるなら、さっさと辞めて第二の人生を考えたほうがよい。それからがわれわれの本当の人生なのである。すでにわれわれは十分、会社のため家族のために働いてきたのだから、誰に遠慮することもないし、恥じることもない。

たとえ頑固者といわれようとも、いつでも毅然《きぜん》としていればいいのである。

時代は変わったのだ。終身雇用制や年功序列制度などはいまや昔物語であり、今後はますます過激な実力（能率）主義となるのだから、いつまでも会社を頼っていると足下をすくわれるのがオチである。あと十年もしないうちに退職金制度もなくなっていくだろう。にもかかわらず、いまだ定年まで勤め上げようなどと考えている人は、世俗の常識に惑わされて、よほど楽観的な人である。

いまや誰もが忘れてしまった過去の栄光にしがみつき、「俺の時代はこうだった」と自慢している中高年ほど見苦しいものはない。ましてや、いつまでたっても「相談役」とか「名誉顧問」とか「嘱託」といった肩書きをぶら下げて居座っている人ほど〝老害〟となっているものである。いわんや「天下り」とかいってただ飯を食っているような者は言語道断である。

本当にやり甲斐のある仕事なら、それをつづけることに異存はないが、人に嫌われながら自分に適合しない人生を定年まで歩んで、なにがしかの金を得たところで、そこに何の楽しみがあるというのか。「老後になって金がなければ哀れだから」という人がいるが、すでにオイボレ馬のごとく哀れな状況で会社にすがりつき、老害とよばれているほうがもっと哀れではないか。

それでも会社を頼らなければ生きていけないとしたら、アルバイト気分で生きればいいのであり、自分でやるだけのことをやったと思うのならば、さっさと辞めて、それこそ好きなことをやって生きればいいではないか。

退職したら仕事がないという人もいるが、見栄えのよい仕事を探そうとするからないのであって、私の先輩などは役員を辞めたあと、趣味と実益をかねて競馬場のガードマンをやっているし、他の先輩は金より時間が大切だといって、離島の小学校の事務員に志願してなった人もいる。これなど私がやりたいぐらいの仕事である。

なぜ老後を恐れるのか

なぜ老後を恐れるのか。人生の愉しみはこれからではないか。

もし、老後が哀れなものになるとしたら、それはその人が、これまでの人生で哀れな状況をつくってきたからであり、そうした準備をしなかったからにすぎない。人が老いるのは当然のことであり、けして年齢そのものによるものではない。その人の生き方の問題である。もちろん肉体的な衰えは致し方ないにしても、それにかわって経験による知識や判断力は、年にともなって豊かになっていくではないか。

五十路を過ぎて、私が「いいいな」と思えるのは、世間に対する見栄や体裁を繕わなくてもいいということである。結婚するまでの二十代のときは女性にもてたいと思い、三十代から四十代にかけては、世間体をはばかって地位や名誉が欲しいと思ったが、五十路を過ぎればそうしたギラギラした世俗の欲望も薄れ、素直になっていける、ということだ。

官能的な快楽から遠ざかることに淋しさを感じる人もいるようだが、あの快楽を得るために、われわれはどれほどのムダ金を使い、心を悩まし、多忙となったことか。欲望の支配するところに節制の入る余地はなく、快楽の乱舞するところには徳の安住する場所などないのである。青年たちがメスとしての女性を追いかけるのは当然としても、頭の薄くなった腹の出たオヤジが、額に脂汗を流して、性懲りもなく口説いている姿は醜態以外のなにものでもない。ましてや老獪《ろうかい》さや金力をもって若い愛人を囲っている者がいるが、そんなものは自慢になるどころか、自分の人間性のなさをさらけだしているようなものだ。

年を取ることのよさは、人生を客観的に眺められるということであり、これを達観というのである。世間に対するしがらみを捨てれば、誰はばかることがなくなるので、素直に正直に生きられる。これこそ年を取ってはじめてわかったことである。

邯鄲の夢「青年よ、人生とはこんなものさ」

じゃ、人生とはなんだ、と人生経験の浅い若者ならそう聞き返したくもなるだろう。だが、われわれはすでに知っている。人生とはどっちに転んでも、たいしたことはない、ということを。社長になろうと、一生ヒラ社員で終わろうと、どんな職業に就こうと、その立場立場に悩みがあり、苦労と喜びがあり、トータルで見れば結局は同じことなのである。要は、違う世界を知らないがゆえのないものねだりであり、その立場になればこうじゃなかったはずだと思うものである。

そんなときに、いつも私の脳裏に去来するひとつの話がある。中国の李泌《りひつ》という人が『枕中記』という小説の中で示した、俗に「邯鄲《かんたん》の夢」とか「一炊の夢」として知られているものだ。

——唐の玄宗皇帝のころ、呂翁という道士（老荘思想の学者）が邯鄲という町はずれの田舎舎で休んでいた。そこへ盧生《ろせい》という野良着姿の青年が立ち寄って老人と話しはじめた。青年は嘆息して、「男と生まれた以上は、都に出て手柄を立て、いずれは大将や大臣になって、贅沢をしたいものだ」といった。

老人はただ黙って聞いていたが、青年が眠そうだったので、「眠かったら、これを枕にしなさい。功名富貴、意のままじゃよ」と、瓦《かわら》でできた空洞の枕をあたえた。田舎舎の主人は粟を炊いてご飯の用意をしていた。

青年がそれを枕に眠りにつくと、なぜか枕が大きくなって、そこへ吸い込まれていくようだった。

気がつくと、青年は美人の奥さんをはべらせて、立派な家の主人となっていた。その翌年、彼は念願かなって進士（高等官試験）に合格し、それからはトントン拍子に出世して、地方長官にまでなった。その善政が都に聞こえ、彼は中央に呼ばれ首尾よく宰相の地位へと登りつめた。

政権を握ること十年、名宰相の誉れも高かったが、ある日突然、同僚らの裏切りにあって、皇帝に謀反をくわだてたとの嫌疑をかけられ、逮捕されてしまった。無罪の罪で死刑台に上ったとき、彼はふと思った。

「考えてみれば、自分はもともと農民で食うことにも困らず、わずらわしい人間関係もなく、自然を友として悠然と暮らしていた。それなのにどうして役人などになったのだろう。宰相の地位に就いて喜んだのもつかのま、あとは人の決めたスケジュールに従い、いつ裏切られるかと心労の連続だった。願わくば、もう一度粗末な野良着でいいから、馬にまたがって邯鄲の街を歩いてみたいなあ」

と、溜め息をもらした。

その瞬間、欠伸とともに目が覚めた。目の前では呂翁がやさしい顔でみつめていた。田舎の主人は相変わらず粟を炊いていた。青年はビックリして飛び起きた。

「ああ夢でよかった」

と青年がいうと、老人が笑いながらいった。

「青年よ、人生なんてこんなものさ」

青年は自分の生きる場所が、この街のはずれの田舎にあることを知って去っていった——。

「なんだ、夢の話か」と、いうことなかれ。実際の人生も過ぎてしまえば、すべて泡沫《うたかた》の夢なのである。

たしかに、この「邯鄲の夢」を実感として理解できるようになるには、ある程度の社会的経験を積み、地位や名声や、それにまつわる贅沢《ぜいたく》といったものを少しは味わった者でなければ、納得してもらえないだろう。なぜなら、一度も地位や名声を得たことがない人には、いかにそれらが空しいものだといったところで、「それは味わったことのある人の言葉だ」と逆襲されるのがオチだからである。

これは先進国と発展途上国の求めるものが違うように、人生とは体験しなければ納得できるものではないからである。だから私も、野心のある若い人に向かって、立身出世が無意味などとはいわない。それを望むなら望めばいい。ただし、その代償として人情を捨て、人に嫌われるぐらいは覚悟しなければならないだろう。そして同時に、出世をすればしただけ新たなる苦悩があらわれ、責任の重さは厳しくなり、高みに登れば登るほど落ちたときのショックも大きくなることを知っておかねばならない。その実例は金融不祥事を招いた政治家や企業人やタレントたちが証明してくれている通りだ。彼らはいま「邯鄲の夢」を実感していることだろう。

精神の快楽は無限大

だからいうのだ。生きるうえで、いかに苦労して立身栄達をきわめようときわめまいと、過ぎてしまえばみな同じだと。イギリスの諺《ことわざ》がこんなことを教えてくれる。

二十歳のときハンサムであれば、
三十歳のとき力があれば、
四十歳のとき財があれば、
五十歳のとき若さがあれば、
人生はもっと楽しかっただろう。
しかし、六十歳を過ぎたいまは、それらは何の関係もなくなった。

まったく同感である。いかにないものねだりをしたところで、それを満たせるわけでもなく、たとえ得たとしても、欲望はさらなる欲望をつれてきて、またそれに悩むだけだ。そして誰もが知るのだ。どっちにしたところで、ままならないのが人生であり、六十歳を過ぎれば何の関係もないことを……。

となれば、人生の愉しみとは何なのか。

仕事同様、愉しみにおいても、その年齢に応じたそれぞれの愉しみがあるということである。白居易はそれを「知足安分」の生活信条で生き抜き、曙覧は「無為自然」の境地に達して過ごした。要は、おのれに適した仕事を営み、嘘いつわりのない日々を送り、心清く、その年齢に合った愉しみを見つけて暮らせということである。

ましてや五十路を過ぎても出世欲にかられ、人を裏切り心を鬼にして会社に尽くすなど、愚の骨頂である。肉欲的快楽から解放され、出世欲を捨てても、心静かに知的好奇心を磨くという最大の愉しみが残っているではないか。

「老いるにしたがい、学ぶところ、いよいよ多し」と古代ローマの賢人はいったが、精神の快楽における愉しみは無限大なのである。

老後が楽しくなるも、悲惨になるも、それはその人のそれまでの人生の過ごし方、考え方の延長線上にあるのであって、無教養な人は相変わらず無教養であるし、下品な人はいくつになっても下品なのである。要はそれにどこで気づくかであり、極めれば人生とは、「いかに美しく年を取っていくか」にかかっているといえる。

私の半隠遁生活

さて最後に少し私の現状を語っておこう。私はすでに述べたように四十歳のとき最初のガ

「隠れ家」に見舞われ、それからは会社の仕事よりも自分を磨くための時間を優先させ、「隠れ家」を〝私の大学〟と称して独学した。すべては白居易が教えてくれた高等遊民を目指してそれにちかづくためであった。そして四十六歳の誕生日を迎える前日、「役員」とか「顧問」とかいった肩書きをすべて脱ぎ捨て、物書き専業の道に入った。

会社を辞めたあとは、もともと別荘として使っていた千葉外房の陋屋《ろうおく》を自宅とし、橘曙覧のような半隠遁《いんとん》の生活に入った。東京の代々木にあった「隠れ家」を仕事場として、原則的には週の四日間を自宅、三日間を仕事場で暮らしはじめた。主体はあくまで自宅であり、仕事場に入るときは例の勉強会に出席したり、レギュラーの講師に出かけたりといったもので、文字通り「理想」と「現実」を行き来する生活となっていたのである。

外房での生活は、まさに世俗を脱した高等遊民の生活で、近所の人とは挨拶《あいさつ》ていどの話はするが、親しい友達がいるわけでもない。物書きといってもそれほど売れているわけでもなかったので、その多くの時間は本を読み、菜園を造り、花壇を整え、気取っていうなら晴耕雨読の日々であった。庭だけは広いので夫婦二人で食するだけの野菜類は二十坪の畑でまかなうことができ、花壇も五十坪のところを三ヵ所にわけて、それぞれ季節の花が咲くようにしてある。

だが、頑張ったのは移住して二、三年だけで、最近はかなり手抜きになった。野菜は簡単な夏野菜だけとなり、花壇も木花や球根類や多年草を多くして、あとは雑草取りをやるぐらいのものである。もちろん、こうした楽しみは都会ではできなかったことだが、別にこうしたことを楽しむために半隠遁をしているわけではないので、気が向けばやるといった程度のものである。

というのも、とくに五十五歳のときガンをやってからというもの、急に体力が落ちたのか、それとも花や菜園づくりに興味をなくしたのか、都会暮らししか知らない私にとってはかなりしんどい作業になってしまったからだ。田舎暮らしや別荘暮らしに憧《あこが》れている人は、「田舎の生活はいいでしょう」というが、それは暮らしたことのない人の台詞《せりふ》で、思ったより簡単ではないのだ。

私の先輩で早期退職制度を利用して五十五歳で田舎に移住し、半自給自足を試みた人がいたが、彼は野菜ひとつ、花畑ひとつにしても、ひ弱な都会人の体力ではそれについていけず、周囲の人とのコミュニケーションもうまくいかず、わずか三年で戻ってきた、という例もある。かつて農作業をしたことのある人なら別だろうが、都会生活者で、ましてや定年退職後の六十歳を過ぎてから本格的な田舎生活をしようとするなら、かなりの覚悟が必要だといわねばならない。

また外房の海の近くに住んでいるというと、釣り好きの人は「毎日、魚釣りができていいですね」というが、これとて最近はさっぱり釣れなくなり、海に日光浴に行くようなものである。釣れなくても海の景色を見ているだけで十分楽しめるので、時々は出かけているが。

とはいえ、すでにこの生活に入ってから二十年以上の歳月が経つというのに、いまだに時々訪れてこの生活を続けているということは、もちろんその生活が気に入っているからだが、その理由の第一は、なんといっても誰に気兼ねもない好き勝手な暮らしができるからだろう。

読書と散歩と思索の日々

私がサラリーマン時代に思っていたことは、一度でいいから、目覚まし時計で起きなくていい生活、満員電車に乗らなくていい生活、スケジュール帳を持ち歩かなくていい生活、寝たいときに寝て起きたいときに起きる生活、人に命令も強制もしない、あるいはされない生活、そして何よりも演技しなくてもいい生活だったが、これらは完全に満たされた。そしてもっとも救われたのは、嫌いな人間とは付き合わなくてもいいということである。これだけでストレスの多くは解消した。

〝物書き〟という仕事は一見聞こえはいいものの、それは失業者と変わらず、金に頓着《とんちゃく》しなければ、かなりわがままのきく仕事だから、こんなことがいえるのである。むろん、仕事がなければその分収入も減るということだが、金は最低食えるだけあればいい。サラリーマン時代とくらべれば四分の一ぐらいに減っているが、心の豊かさはその十倍以上になっているはずだ。

しかも、自由を求めればおのずから生活が困窮するのは先人たちの教えてくれたことであり、それを望んでやっているのだから意に介することもない。逆にいえば、お金よりも心の充足が欲しかったから、こうした生活に入ったのだし、もともと私は金のかかる生活はしてこなかったように思う。

豪邸や高級車が欲しいなどとはこれまで一度も思ったことがないし、酒も飲めるほうではないので銀座のクラブや向島《むこうじま》の料亭で遊んでも心の底から楽しいと思ったことがなかった。サラリーマン時代はある料亭に私の部屋が用意してあったほど豪遊したが、それは仕事上のためであり、芸者遊びをしたこともあるが、その時だって心に空虚感があったのだから、私には似合っていなかったのだろう。

また、私はアンチ・アウト・ドア派なので排気ガス量の多い四駆のクルマも必要なく、環境破壊や環境汚染の最たるゴルフにも興味はない。気分転換は庭でやる菜園や花壇づくりで、これも化学肥料や農薬などいっさい使用したことがないので、草取りに追われるだけだ。時には磯釣りに出かけることもあるが、これとてほとんど金はかからない。趣味や遊びに金をかけないことは必然的に地球に優しい人間になれるものだと実感している。

では、ありあまる時間は何に使っていたのかといえば、自宅の倉庫と「隠れ家」にある約二万冊を超える蔵書との格闘に使い、ソローのようにあとは散歩と思索に耽《ふけ》っていた。ときおり外の空気を吸いたくなるときもあるので、その時はマウンテンバイクで外房の海辺をまわったり、双眼鏡を片手に近くの池や里山に入りバードウォッチングをしたりしていたのである。

「隠れ家」での優雅な生活

だが、外房での半隠遁の生活が四年弱つづいたころ、女房のほうの実家の都合で、自宅を再び東京の荻窪《おぎくぼ》に移した。相変わらず「隠れ家」と称する仕事場は代々木公園のちかくにあったので高等遊民の生活はかわらず、自転車とバードウォッチングはヒマを見つけては出かけた。日和のいいときは公園や明治神宮の芝生に寝ころびながら本を読み、ときおり双眼鏡で小鳥たちを覗《のぞ》いている。

やがて女房が実母の介護に付きっきりとなり、私自身も大腸ガンを患ったことから、以前の生活から少し変わった。私の「隠れ家」も自宅から十分のところに移し、いまや二人はまったくの別居生活となってしまった。〝末期ガン〟と医者から脅された私だったが、幸いにしていまのところ普通人と変わらぬ生活ができるので、「隠れ家」で優雅な一人住まいをしている状態である。

優雅といってもお金がたくさんあって贅沢をしているというわけではない。欲しがらない生活をしているので、生活実態はつつましやかなものである。優雅なのは部屋からの眺望である。たまたま友人から紹介された部屋が十三階建てのマンションの最上階にあり、そこから四季折々の富士山が見えるのだ。一度でいいから東京で富士山の見える部屋に住みたいと、昔から思っていたので、その念願が叶ったのだ。私の一日はこの富士山を遥拝《ようはい》することからはじまる。

しかも、この「隠れ家」は駅から一分のところにあり、コンビニエンスストア、銀行、スーパーが隣接し、飲食店は選《よ》り取り見どり。深夜でもお腹が空いたら買い物も飲食もできる。もっとも嬉《うれ》しかったのは質のよい古本屋が二百メートル以内に三軒もあり、その近くには公立図書館まで存在している。これらは絶好の散歩コースである。そしてなんといっても駅から一分というのがいい。便利とあって仲間や塾生たちの訪問する回数が増えて、いまや梁山《りょうざん》泊《ぱく》といったところだ。

ところで、妻と別居生活をして思ったことだが、これは実にいい。サラリーマン時代の「隠れ家」のときは、心の奥でなんとなく自分だけ勝手なことをやっている、といった後ろめたさがあったが、女房が近所の実家にいるとなれば安全だし、彼女も私の面倒をみることなく実母の介護ができるし、実父が助けてくれるので、そのほうがお互いに楽なようだ。

定年退職後のサラリーマンが、ある日をさかいに夫婦二人の生活に戻ったとき、おたがいに気兼ねして疎ましく感じる、という声はよく聞かれることだが、元気なうちに別居して自分の好きなことができるというのは、まさに高等遊民そのままなのである。したがって今の私の「隠れ家」は「隠れ家」どころか〝解放の場〟となっているのである。

自宅と「隠れ家」が近いということは女房とは会いたいときに会えるし、時としては女房を「隠れ家」に招いて私が料理をつくり、彼女の労に報いている。幸い私は料理が好きだし、彼女も映画が好きなので、週に最底一回は「女房デー」と名付けて、この日はディナー付き映画鑑賞会となる。

この体験から予言しておくと、中高年の別居生活というのは近い将来、夫婦の主流の形態になるのではないか、ということだ。夫婦が常にいっしょにいなければならないというのは、働き手としての妻の労働を必要とした農耕社会の名残であり、妻を育児係兼家政婦係に専念させた亭主関白時代の遺物である。近頃のように女性が職業的に自立し、そこに生き甲斐を見つけられるとなれば、必然的に結婚しても別居生活というのが普通になるであろう。

新たな趣味、有名人の墓巡り

それはさておき、予期せぬことから「隠れ家」を完全な「解放区」に塗り替えた私であるが、その生活信条はまったく変わっていない。好きに暮らすこと、妥協しないこと、清廉に生きることを三原則にして、悠々気ままの生活を送っているのである。

空模様が悪いときや冬場は外出を遠慮して、部屋では読書三昧《ざんまい》か映画鑑賞といったところ。最近はブルーレイとかいう高品質の画像ができたので、五十二インチの大画面で一人深夜、懐かしの名画を見るのは愉悦のひと時である。そして、うららかな春秋の日は、気分が向けば相変わらずマウンテンバイクで健康を兼ねて走り回っている。すでに自転車では〝山の手〟内にある美術館や文学館、あるいは公園などはほとんどまわった。

とくに最近は、同好の士と「有名人のお墓巡り」と称して、東京都内の青山霊園、多磨霊園はいうにおよばず谷中、染井、雑司ヶ谷《ぞうしがや》、小平は何度訪れたことか。青山霊園では志賀直《しがなお》哉《や》、乃木希典《のぎまれすけ》、大久保利通《おおくぼとしみち》、浜口雄幸《はまぐちおさち》、小村寿太郎《こむらじゅたろう》ほかに出会ったし、多磨霊園では新渡戸《にとべ》稲造《いなぞう》、内村鑑三《うちむらかんぞう》、山本五十六《やまもといそろく》、東郷平八郎《とうごうへいはちろう》、高橋是清《たかはしこれきよ》、有島武郎《ありしまたけお》らと語り合い、雑司ヶ谷霊園では夏目漱石、小栗上野介《おぐりこうずけのすけ》、金田一京助《きんだいちきょうすけ》、泉鏡花《いずみきょうか》らを偲んだ。あるいはまた上野の谷中霊園では鳩山一郎《はとやまいちろう》、渋沢栄一《しぶさわえいいち》、横山大観《よこやまたいかん》、染井霊園では二葉亭四迷《ふたばていしめい》、高村光太郎《たかむらこうたろう》、岡倉天心《おかくらてんしん》、若槻礼次郎《わかつきれいじろう》、小平霊園では伊藤整《いとうせい》、壺井栄《つぼいさかえ》、徳田秋声《とくだしゅうせい》、佐々木味津三《ささきみつぞう》らを訪ねた。もっともっと詳しく書きたいところだが、書き始めたら一冊の本になるほど多くの故人と出会っているので、これは別の機会に紹介したい。最近は病も高じて鎌倉方面まで出かけているが、思わず驚嘆の声を上げげたのは北鎌倉にある東慶寺墓地だった。ここには西田幾多郎《にしだきたろう》、岩波茂雄《いわなみしげお》、和辻哲郎《わつじてつろう》、安倍能成《あべよししげ》、鈴木大拙《すずきだいせつ》、小林秀雄《こばやしひでお》らが眠っていたのだ。思わぬ所で思わぬ鬼籍の人に会うのは、教養があればこそ楽しめる高等遊民ならではの娯楽で、彼らを知らない人にとっては、単なる石にすぎないのだ。そして現在、もっとも熱中しているのは、講演旅行の帰りに立ち寄る京都、奈良をはじめとする「仏像巡り」である。おそらくこれは私の今後の主要な旅となるであろう。

本当に豊かな欲しがらない人生

こうした陽気な高等遊民生活を楽しめるのも、もとを正せば、あの四十歳のときの病気であり、それ以後の「隠れ家」であり、そこで知り得たソローや曙覧の生き方が今日の私をつくってくれたものと感謝している。体験者としていうなら、人生における挫折は早ければ早いほどよく、何かをはじめようとするなら、まだ肉体も気力も十分な五十歳前後が最終段階であろう。

ソローはいっていた。

「生活のレベルが少し下がっても、心の豊かさがもう一段だけ向上すれば失うものは何もない。余分な富を持つと、余分な物しか購入しない。魂が必要としているものを購入するのに、金銭などは必要ないのである」と。

そして曙覧も、あの「たのしみ」の歌で、感動する心さえあれば、その生活の一瞬ですら楽しみになることを教えてくれた。いま私は「こんな生き方がしたい」と思っていた通りの生活に入っている。そのうえ私には同好の士である「勉強会」の楽しい仲間たちがいつも待っていてくれる。

曙覧の歌を借りて私の心境をいうなら、

たのしみは心をおかぬ友どちと
　笑ひかたりて腹をよるとき

であり、花壇をいじっているときは、

たのしみは朝おきいでて昨日まで
　無かりし花の咲ける見る時

となり、読書のときは、

たのしみは珍しき書人にかり

　始め一ひらひろげたる時

ということになる。これ以上、何を望むことがあるのか。いまの私は精神的修養はまだ途上であるが、〝素晴らしき哉《かな》、人生〟を心おきなく過ごしているのである。

岬 龍一郎（みさき・りゅういちろう）

1946年生まれ。作家。評論家。早稲田大学を経て、情報会社、出版社の役員を歴任。退職後、著述業のかたわら、若い人たちの人材育成のために「人間経営塾」を全国10カ所で主宰。国家公務員や地方公務員の幹部研修、大手企業研修などの講師を務め、「人の上に立つ者の人間学」を説いている。主な著書に、『いま、なぜ「武士道」か』『内村鑑三の「代表的日本人」を読む』『新・武士道』『現代帝王学講座』『人生の師を見つけよう』などがある。

欲《ほ》しがらない生《い》き方《かた》

――高等遊民《こうとうゆうみん》のすすめ

岬龍一郎《みさきりゅういちろう》

二〇〇九年六月十日　初版発行

発行者　井上伸一郎

発行所　株式会社角川書店
東京都千代田区富士見二―十三―三
〒一〇二―八〇七八
電話／編集　〇三―三二三八―八五五五

発売元　株式会社角川グループパブリッシング
東京都千代田区富士見二―十三―三
〒一〇二―八一七七
電話／営業　〇三―三二三八―八五二一
http://www.kadokawa.co.jp/

装丁者　緒方修一（ラーフイン・ワークショップ）
印刷所　暁印刷
製本所　BBC

角川oneテーマ21 B-121

ISBN978-4-04-710192-0 C0295